Décibel 1

Cahier d'activités

A1

M. Butzbach
C. Martin
D. Pastor
I. Saracibar

Français Langue Étrangère

Références iconographiques :
Couverture : Onoky/Corbis ; **14 :** Gorilla - Fotolia.com ; **19 :** Reportage sur Damien : Remerciements à Damien Andréo et à Dalia Andréo et au collège Saint Jean-Baptiste de La Salle, à Nîmes ; **19 (bd) :** KidStock/Blend Images/Corbis ; **22 (1) :** skodonnell ; **22 (10) :** Thinkstock by GettyImages ; **22 (2) :** Comstock/GettyImages ; **22 (3) :** Thinkstock by GettyImages ; **22 (4) :** sumnersgraphicsinc/iStock ; **22 (5) :** Comstock/GettyImages ; **22 (7) :** skodonnell/iStock ; **22 (8) :** titelio/iStock ; **23 (1) :** ComstockImages/GettyImages ; **23 (2) :** George Doyle/Thinkstock by GettyImages ; **23 (4) :** ramplett/iStock ; **23 (a1) :** Cobalt - Fotolia.com ; **23 (a3) :** Grafner/Thinkstock by GettyImages ; **23 (a4) :** Iosif Szasz-Fabian - Fotolia.com ; **23 (b1) :** charles mercier - Fotolia.com ; **23 (b2) :** Martijn Mulder - Fotolia.com ; **23 (b2) :** GraphiOgre-GéoAtlas ; **23 (c2) :** Maica/iStock ; **23 (c3) :** lionel VALENTI - Fotolia.com ; **23 (c4) :** GraphiOgre-GéoAtlas ; **27 (bd) :** KidStock/Blend Images/Corbis ; **33 :** skynesher/GettyImages ; **34 :** photka - Fotolia.com ; **35 (bd) :** Alan Graf/GettyImages ; **35 (bg) :** Yvann K - Fotolia.com ; **35 (bm) :** Jakez - Fotolia.com ; **35 (hg) :** scaliger - Fotolia.com ; **35 (hm) :** Le monde en photos - Fotolia.com ; **35 (md) :** WEST/Westend61/Corbis ; **35 (mg) :** Thomas Pajot - Fotolia.com ; **36 :** JPC-PROD - Fotolia.com ; **39 :** Getty Images Sales Spain/Photos.com Plus ; **41 :** DMITRI MARUTA - Fotolia.com ; **43 (bd) :** Red Chopsticks/GettyImages ; **43 (md) :** KidStock/Blend Images/Corbis ; **51 (hg) :** Sigrid Olsson - www.agefotostock.com ; **51 (hg) :** JC DRAPIER - Fotolia.com ; **51 (md) :** Sanjay Deva - Fotolia.com ; **54 :** Todd Warnock/Corbis ; **55 (md) :** William Wang - Fotolia.com ; **55 (hd) :** Sabphoto - Shutterstock ; **55 (mg) :** Laurin Rinder - Fotolia.com ; **59 (bd) :** Rob Lewine/GettyImages ; **59 (hd):** Roy Morsch/Corbis ; **59 (hg) :** P Royer - www.agefotostock.com ; **59 (md) :** Don Smetzer/The Image Bank/GettyImages ; **59 (mg) :** cynoclub - Fotolia ; **61 (b) :** Boris Yankov - Fotolia.com ; **61 (e) :** Fotolia.com ; **62 (a1) :** Catalin Petolea - Fotolia.com ; **62 (a2) :** eyetronic - Fotolia.com ; **62 (a3) :** Sete - Fotolia.com ; **62 (b1) :** Yuri Arcurs - Fotolia.com ; **62 (b2) :** Frog 974 - Fotolia.com ; **62 (b3) :** Gudellaphoto - Fotolia.com ; **62 (bm) :** jogyx - Fotolia.com ; **62 (c1) :** Monart Design - Fotolia.com ; **62 (c2) :** Frog 974 - Fotolia.com ; **62 (c3) :** Denis Pepin - Fotolia.com ; **63 :** Pigipi - Fotolia.com ; **64 (3) :** Monkey Business - Fotolia.com ; **65 (b1) :** D. Vasques-Fotolia.com ; **65 (b2) :** Oleksiy Mark - Fotolia.com ; **65 (b2) :** stephen richards - Fotolia.com ; **65 (c1) :** bagiuiani - Fotolia.com ; **65 (hd) :** Krzysiek - Fotolia.com ; **65 (hg) :** lucadp - Fotolia.com ; **65 (hm) :** Axel Bueckert - Fotolia.com

Édition : Noé Pérez Núñez
Conception graphique de la couverture : Joëlle Parreau ;
Adaptation de la maquette intérieure : Joëlle Parreau ;
Mise en page : SG Création ;
Illustrations : Jaume Bosch, Kenny Ruiz, Ángel Sánchez Trigo, Oriol Vidal, Zoográfico ;
Iconographe : Aurélia Galicher ;
Photogravure : RVB photogravure.

« Le photocopillage, c'est l'usage abusif et collectif de la photocopie sans autorisation des auteurs et des éditeurs. Largement répandu dans les établissements d'enseignement, le photocopillage menace l'avenir du livre, car il met en danger son équilibre économique. Il prive les auteurs d'une juste rémunération. En dehors de l'usage privé du copiste, toute reproduction totale ou partielle de cet ouvrage est interdite. La loi du 11 mars 1957 n'autorisant, au terme des alinéas 2 et 3 de l'article 41, d'une part, que les copies ou reproductions strictement réservées à l'usage privé du copiste et non destinées à une utilisation collective et, d'autre part, que les analyses et les courtes citations dans un but d'exemple et d'illustration, toute représentation ou reproduction intégrale, ou partielle, faite sans le consentement de l'auteur ou de ses ayants droit ou ayants cause, est illicite (alinéa 1er de l'article 40) – Cette représentation ou reproduction, par quelque procédé que ce soit, constituerait donc une contrefaçon sanctionnée par les articles 425 et suivants du Code pénal. »

Hatier s'engage pour l'environnement en réduisant l'empreinte carbone de ses livres. Celle de cet exemplaire est de **700 g éq. CO₂** Rendez-vous sur www.hatier-durable.fr
PAPIER CERTIFIÉ

© 2015 by Michèle Butzbach, Carmen Martín Nolla, Dolorès-Danièle Pastor, Inmaculada Saracíbar Zaldívar
© 2015 by Santillana Educación, S.L.
© Didier FLE, une marque des éditions Hatier, Paris 2023 – ISBN : 978-2-278-11197-8
Imprimé en Italie en mai 2025 par LEGO (Lavis) – Dépôt légal : 1197/03

Table des matières

Ma biographie langagière **4**

UNITÉ 0
- Facile, le français ! 7
- Eh, comment tu t'appelles ? 9
- Comment ça va ? 10
- Les couleurs 11
- Les nombres de 0 à 20 12

UNITÉ 1
- Léon se prépare pour la rentrée 13
- **Leçon 1** Qu'est-ce que c'est ? 14
- La trousse « à réaction » 15
- **Leçon 2** Lundi, maths… 16
- Quelle est ta matière préférée ? 17
- **Leçon 3** L'école en France / Le blog de Claire 19
- *Bilan écrit* 20

UNITÉ 2
- Les 12 mois de l'année 21
- **Leçon 1** Quel est ton sport préféré ? 22
- Quels sont tes goûts ? 23
- **Leçon 2** L'anniversaire de Mélissa 24
- Des copains bien différents ! 25
- **Leçon 3** Les symboles de la France / Le blog de Claire 27
- *Bilan écrit* 28

UNITÉ 3
- Qu'est-ce qu'il fait ? 29
- **Leçon 1** Vive la piscine ! 30
- Qu'est-ce qu'ils font ? 31
- **Leçon 2** 100 % écolos ! 33
- Au collège, on recycle ! 34
- **Leçon 3** Tour de France en péniche / Le blog de Claire 35
- *Bilan écrit* 36

UNITÉ 4
- Mélissa adore le vélo ! 37
- **Leçon 1** La fête du cerf-volant 38
- La famille d'Edmond Dunez 39
- **Leçon 2** Les bonnes habitudes devant l'ordinateur 41
- Pause pub 42
- **Leçon 3** Petite histoire des noms de famille / Le blog de Claire 43
- *Bilan écrit* 44

UNITÉ 5
- Looks de vacances 45
- **Leçon 1** Je voudrais une casquette… 46
- La roulette des vêtements 47
- **Leçon 2** La fête du siècle 49
- Quelle heure est-il ? 50
- **Leçon 3** Un week-end à Bruxelles / Le blog de Claire 51
- *Bilan écrit* 52

UNITÉ 6
- L'A B C Délices 53
- **Leçon 1** C'est l'heure du goûter ! 54
- Le labyrinthe du petit déjeuner 55
- **Leçon 2** La journée de Valentin 56
- La « journée » de Nosfer 57
- **Leçon 3** 4 bonnes idées pour les vacances / Le blog de Claire 59
- *Bilan écrit* 60

Vers le Delf A1 .... **61**

Cartes mentales **67**

Ma biographie langagière

C'est moi

Complète la fiche.

Je m'appelle _____

_____

J'ai _____ ans.

Mon anniversaire, c'est le _____

Mon adresse : J'habite _____

_____

Mon numéro de téléphone : _____

Mon adresse mail : _____

Informations complémentaires

_____
_____
_____
_____
_____
_____
_____
_____

Ma biographie langagière

Mon collège

Mon collège s'appelle _____

Adresse : _____

Je suis en : _____

En classe, nous sommes _____ élèves.

J'ai _____ professeurs.

Mon professeur de français s'appelle _____

Photo de ma classe de français, de mes copains...

Description de la photo

Mes contacts avec d'autres langues et d'autres cultures

Langues

Je parle _____ avec _____

Je parle _____ avec _____

Je parle _____ avec _____

Je comprends aussi et je parle un peu...

le / l' _____

le / l' _____

le / l' _____

J'aimerais parler aussi...

le / l' _____

le / l' _____

le / l' _____

Voyages à l'étranger

	en famille	en voyage scolaire
Pays : _____	☐	☐
_____	☐	☐
Villes : _____	☐	☐
_____	☐	☐

Facile, le français !

1 Tu reconnais les mots en français.

    a. Écoute et colorie les étiquettes des mots français.

    b. Associe ces mots à l'illustration correspondante.

door · box · filho · trompette · biberon · eau minérale · bicyclette · harmonica · bébé · zeka · sorella · morgen · accordéon · gatinho · camion · thé · ballon · bambino · croissant · obrigado · wagen · pájaro

2 Observe l'illustration et écris les numéros dans les cases correspondantes.

restaurant ❶ • cinéma ❷ • hôpital ❸ • métro ❹ • moto ❺ • guitare ❻ • café ❼ • taxi ❽ • sandwich ❾

③ Entoure les nombres en français.

1. uno / one / **un**
2. deux / due / doi
3. three / drei / trois
4. quatre / catro / patru
5. bost / cinq / cinc
6. seks / six / sechs
7. sept / sette / sju
8. huit / opt / acht
9. neuf / nouâ / ni
10. dix / dez / dieci

④ Complète et lis la comptine.

1. Je m'appelle François
Et je compte jusqu'à 3 :
1, 2, ___ !

2. Je m'appelle Boris
Et je compte jusqu'à ___ :
1, 2, 3, ___, ___, ___ !

3. Je m'appelle Juliette
Et je compte jusqu'à ___ :
___, ___, ___, 4, 5, ___, ___ !

4. Je m'appelle Gladys
Et je _____ jusqu'à 10 :
1, 2, 3, 4, 5, 6, 7, 8, 9, 10 !

8 huit

Eh ! comment tu t'appelles ?

1 Écoute et numérote les vignettes dans l'ordre.

2 Trouve la question.

– Comment il s'appelle ?
– Il s'appelle Édouard.

– _____ ?
– Elle s'appelle Mélissa.

– _____ ?
– Il s'appelle Léon.

3 Complète.

Tu t'_____ comment ?
Je _____ appelle Max.

4 Mets la phrase en ordre et réponds.

– _____ ?
– Je _____ ?

5 Écris le pronom sujet.

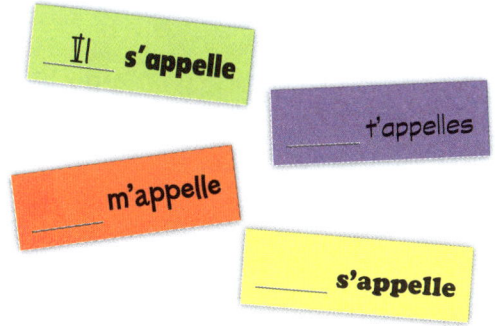

Il s'appelle
_____ t'appelles
_____ m'appelle
_____ s'appelle

6 Complète ces expressions utiles pour saluer.

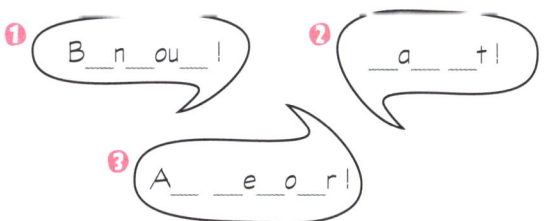

❶ B_n__ou__ !
❷ _a__ __t !
❸ A__ _e_o_r !

Comment ça va ?

1 **Napoléon et Cléopâtre se présentent.**

   a. Recopie les phrases dans l'ordre.
   b. Écoute et vérifie.

tu • ~~Bonjour !~~ • t'appelles ? • Comment

je • m' • Moi, • Cléopâtre. • toi ? • appelle • Et

① Bonjour ! _____

Napoléon, • Moi, • m'appelle • je

revoir • Au • Cléopâtre !

Au • Napoléon ! • revoir

2 **D'Artagnan rencontre Porthos, un des Trois Mousquetaires.**

   a. Complète le dialogue à l'aide de la boîte.
   b. Écoute et vérifie.

Très bien • et toi • Comment • Au revoir • ~~Salut~~

– Bonjour !
– Ah ! ____Salut____ Porthos ! _____ ça va ?
– _____ D'Artagnan, _____ ?
– Pas mal...
– Eh bien, au revoir !
– _____ Porthos.

3 **Qui est-ce ? Observe et complète.**

① – Qui est-ce ?
   – C'est __D'Artagnan__.

② – Qui est-ce ?
   – _____.

③ – _____ est-ce ?
   – _____.

④ – _____ ?
   – _____.

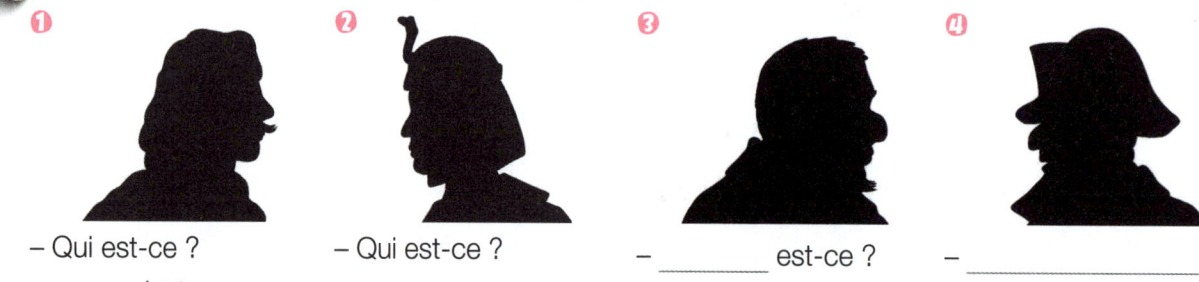

Les couleurs

1 Découvre les couleurs ! Termine d'écrire le mot avec la couleur correspondante.

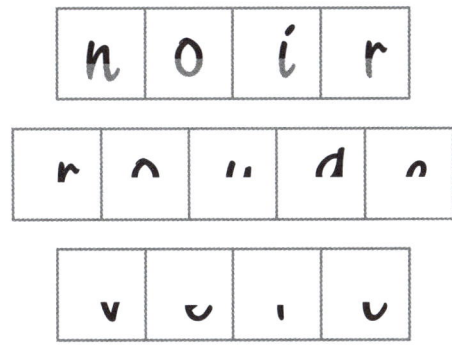
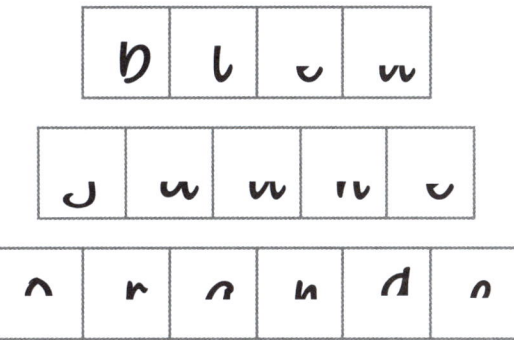

2 Colorie les nombres qui ne sont pas des multiples de 3 et retrouve le mot mystérieux.

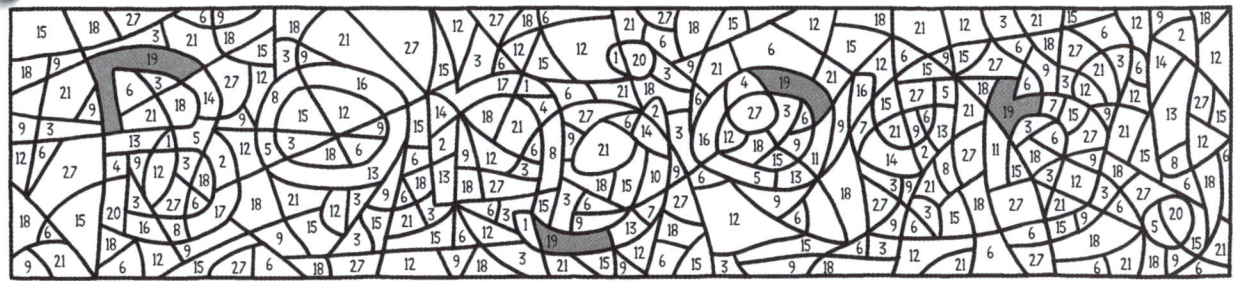

3 Jeu de logique : les perles multicolores.

Le collier de Mme la Marquise de Chantefleur se compose de deux séries identiques de sept perles de couleurs différentes. Observe les séries, complète et colorie le fabuleux collier.

Série A	Série B
a. noir	h. _noir_
b. _____	i. jaune
c. rouge	j. _____
d. _____	k. violet
e. _____	l. vert
f. orange	m. _____
g. _____	n. blanc

4 Mets les phrases dans l'ordre et réponds.

ta • Quelle • couleur • préférée • est

c'est • couleur • Ma • le... • préférée

– _____ ? – _____

Les nombres de 0 à 20

1 Écoute : entoure les nombres que dit Léon et souligne les nombres que dit Mélissa.

1   2   3   4   5   6   7   (8)   9   10
<u>11</u>   12   13   14   15   16   17   18   19   20

2 Écris en chiffres les nombres des participants à ce rallye.

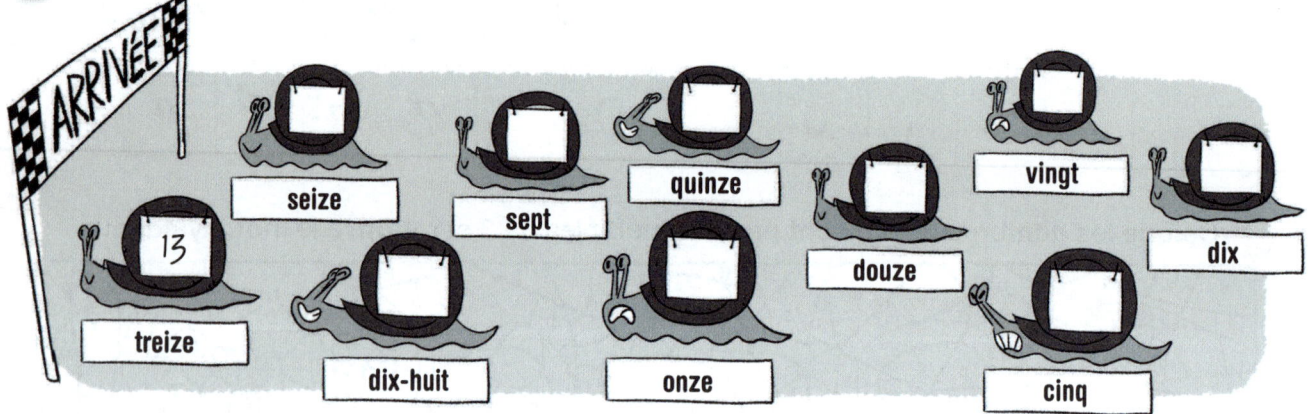

3 Mots cachés. Trouve les onze nombres et recopie-les avec les traits d'union nécessaires.

D	I	X	N	E	U	F	O	A
J	C	V	I	N	G	T	N	B
R	N	S	T	R	E	I	Z	E
Q	U	A	T	O	R	Z	E	G
B	L	D	P	D	T	Z	H	S
Q	F	I	M	O	K	N	U	E
D	I	X	H	U	I	T	J	I
Q	U	I	N	Z	E	A	B	Z
D	I	X	S	E	P	T	C	E

10 → _____   16 → _____
11 → _____   17 → _____
12 → _____   18 → _____
13 → _____   19 → dix-neuf
14 → _____   20 → _____
15 → _____

4 Relie les nombres dans l'ordre ascendant et découvre le moyen de transport préféré de Mélissa.

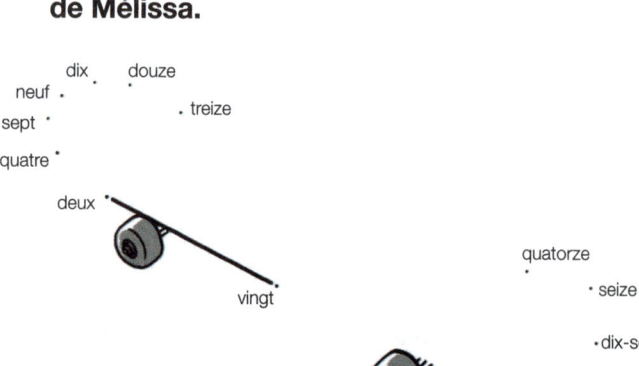

5 Remets les lettres dans l'ordre et tu trouveras le nom de dix nombres.

a. xid → dix
b. eudx → _____
c. step → _____
d. fuen → _____
e. ithu → _____
f. ertqua → _____
g. zeeis → _____
h. ingtv → _____
i. qicn → _____

Léon se prépare pour la rentrée

1 Écoute et entoure. Qu'est-ce qu'il y a dans le sac à dos de Léon ?

Mon sac est plein !

2 Lis la liste du matériel de classe et écris le numéro sous chaque illustration.

1. des cahiers 2. deux classeurs 3. un compas 4. une trousse 5. une règle 6. une gomme
7. une paire de ciseaux 8. des feutres 9. des stylos 10. des crayons de couleur 11. un taille-crayon
12. des livres 13. un paquet de feuilles blanches 14. un bâton de colle 15. un agenda 16. un crayon

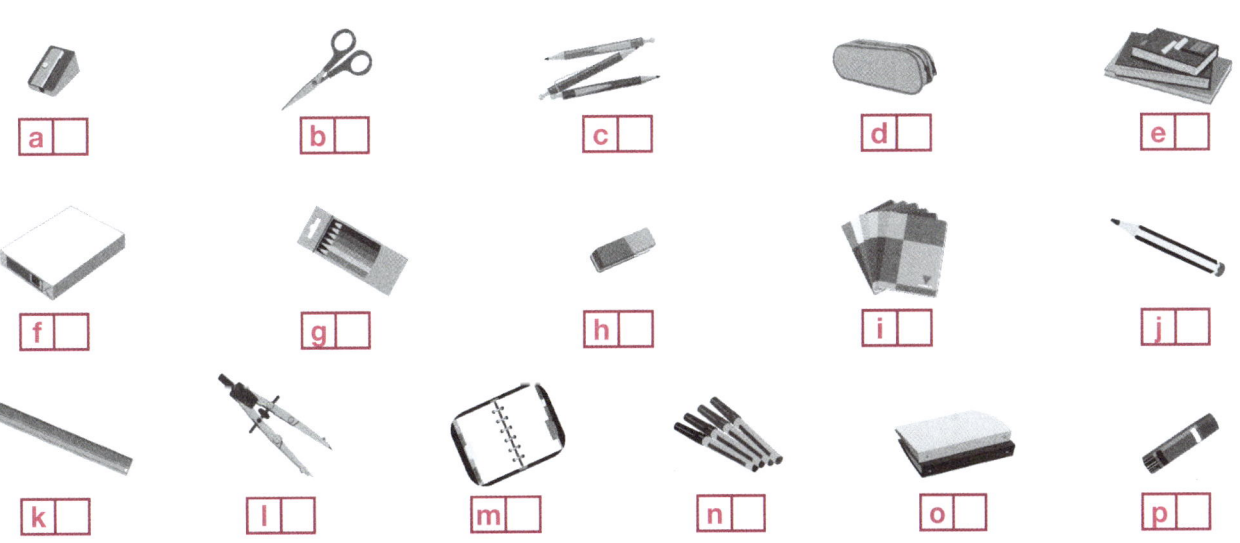

treize 13

LEÇON 1 — Qu'est-ce que c'est ?

1 Qu'est-ce que c'est ? **Observe et entoure la bonne réponse.**

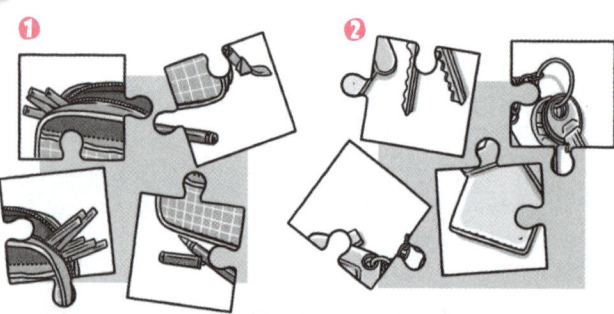

a. C'est un sac.
b. C'est une trousse. *(entourée)*
c. C'est un cadeau.

d. C'est un agenda.
e. C'est un porte-clés.
f. C'est un livre.

g. C'est un crayon.
h. C'est un feutre.
i. C'est un taille-crayon.

j. C'est une gomme.
k. C'est un stylo.
l. C'est un bonbon.

2  **Boîte à sons** Écoute et coche la case quand tu entends le son [ɔ̃] de *pantal<u>on</u>*.

 ☒
 ☐
 ☐
 ☐

 ☐
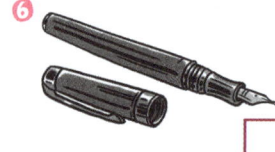 ☐
 ☐
 ☐

3 **Identifier des objets.** Le cadeau surprise.

a. Mets le dialogue dans l'ordre.
b. Écoute et vérifie.

a. C'est un petit chien… Oh ! Merci beaucoup papa !!!

b. Pour moi ??? Qu'est-ce que c'est ?

c. Tiens, Flora… un cadeau pour toi !

d. Je ne sais pas, ouvre… ouvre le cadeau !

La trousse « à réaction »

4 Objets à la loupe. Complète.

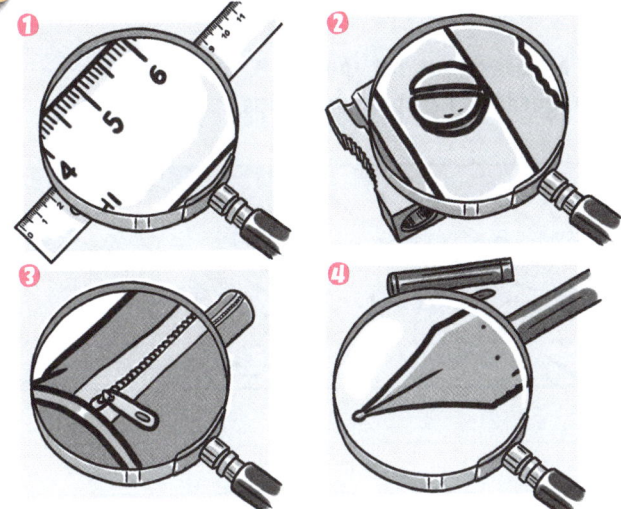

1. – Qu'est-ce que c'est ?
   – C'est une _____règle_____.

2. – _____ que c'est ?
   – C'est _____ _____.

3. – Qu'est-ce que _____ ?
   – C'est _____ _____.

4. – _____ c'est ?
   – _____.

5 Mots cachés : trouve le nom de 12 fournitures scolaires.

a. Recopie les mots avec **l'article indéfini** dans la bonne colonne.
b. Entoure en rouge les mots qui ont un genre différent dans ta langue.

G	W	C	R	A	Y	O	N	S	J	T	F	N
S	A	C	À	D	O	S	L	Z	M	U	A	I
C	B	Â	T	O	N	D	E	C	O	L	L	E
I	N	M	V	T	R	O	U	S	S	E	G	C
S	A	J	F	E	U	T	R	E	J	X	L	B
E	Z	C	I	P	H	V	M	A	Q	E	W	D
A	L	A	N	F	Q	R	P	W	S	O	J	M
U	C	H	G	A	L	È	N	F	T	C	G	N
X	L	I	V	R	E	G	D	I	Y	L	H	B
A	G	E	N	D	A	L	G	Z	L	T	D	A
Z	V	R	B	W	N	E	J	A	O	E	I	F
T	A	I	L	L	E	-	C	R	A	Y	O	N

MASCULIN

un _____

_____

_____

_____

_____

_____

FÉMININ

une _____

_____

PLURIEL

des _crayons_

_____

2 Lundi, maths...

1 Recopie chaque phrase sous le dessin correspondant.

> Il déteste les maths. • Il y a maths tous les jours ! •
> Elle est très contente. • Ils regardent l'emploi du temps.

2 Complète avec les jours de la semaine.

3 Réponds.

a. Quel(s) jour(s) tu as maths, français, EPS ?

b. Quel(s) jour(s) tu es libre ?

4 Communiquer en classe. Écoute et associe chaque consigne à une vignette.

 a 4  b

 c  d

Quelle est ta matière préférée ?

5 Les matières scolaires.

a. Écris l'article qui convient.
b. Écoute et vérifie.
c. Associe une illustration à chaque matière.

1. __la__ technologie
2. _____ arts plastiques
3. _____ anglais
4. _____ musique
5. _____ histoire-géo
6. _____ éducation physique et sportive (EPS)
7. _____ mathématiques
8. _____ sciences de la vie et de la terre (SVT)
9. _____ français
10. _____ latin
11. _____ physique et _____ chimie

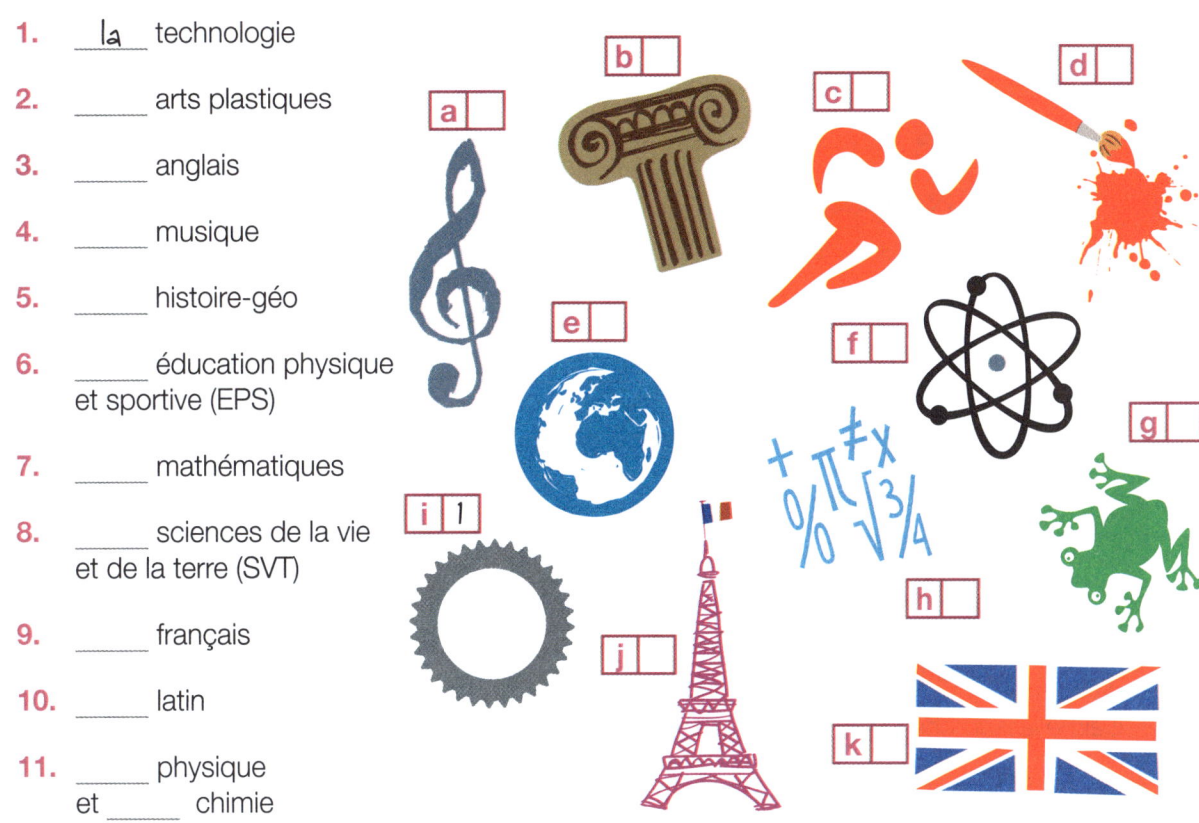

6 Réponds.

a. Qu'est-ce que tu utilises en cours de maths ?
_____
_____

b. Qu'est-ce que tu utilises en cours d'arts plastiques ?
_____
_____

7 Écoute et coche : *le* ou *la*, masculin ou féminin ?

	1	2	3	4	5	6
le	X					
la						

8 Écoute et coche : *le* ou *les*, singulier ou pluriel ?

	1	2	3	4	5	6
le	X					
les						

LEÇON 2

9 **Complète avec *le*, *la*, *l'*, *les*.**

a. Quels sont __les__ jours de _____ semaine ?
b. Dessinez _____ mer ou bien _____ univers !
c. Tu adores _____ anglais et _____ sciences de la vie et de la terre.
d. _____ fille s'appelle Marion et _____ garçon s'appelle Pierre.

10 **L'article défini ou indéfini ? Entoure la bonne réponse.**

a. C'est (le) / un champion de la course.

b. C'est le / un sac à dos de Léon.

c. Il aime le / un chocolat.

d. Marie offre le / un cadeau à Hélène.

e. C'est le / un petit chien.

f. Elle adore les / des maths.

11 **Chasse l'intrus de chaque rangée.**

①	neuf	dix	douze	~~jaune~~	trois	sept
②	un crayon	un croissant	un taille-crayon	un cahier	un livre	une règle
③	marron	rose	orange	violet	neuf	gris
④	mercredi	mardi	vendredi	lundi	stylo	samedi
⑤	Alice	García	Albert	Max	Sylvie	Léon
⑥	Bonjour !	Au revoir !	Hello !	Ça va ?	Salut !	À lundi !

18 dix-huit

LEÇON 3 — L'école en France

Tu as une bonne mémoire ? Entoure la bonne réponse.

a. Damien étudie au *collège / lycée*.
b. Damien a *10 / 12* ans.
c. Perpignan est une ville située au *nord / sud* de la France.
d. Damien mange à la cantine *2 / 3* jours par semaine.
e. Damien *adore / déteste* le CDI.
f. Le carnet de correspondance fait le lien entre les *élèves / parents* et le collège.
g. Le matériel scolaire de l'opération de solidarité « Un cahier, un crayon » est pour *les enfants du collège / les enfants des pays défavorisés*.

 de Claire

 **1** Écoute et entoure les mots qui contiennent **le son [ɛ]**.

Bonjour, je m'appelle Claire.
Ma couleur préférée est une couleur du drapeau français. Regarde ma photo et devine !
Je suis en 5ᵉ au collège Jean de La Fontaine.
J'adore l'anglais et la musique.

2 Lis les définitions et trouve un mot avec « ai ».

a. Elle se compose de 7 jours. → _____

b. Tu étudies cette langue. → _____

c. C'est le nom du collège de Claire. → _____

1 Écris ces nombres en chiffres.

a. vingt   b. douze   c. seize   d. onze   e. dix-huit   f. neuf

g. cinq   h. trois   i. treize   j. quinze   k. sept   l. deux

SCORE ... / 12

2 Les articles. Entoure la bonne réponse.

a. Une / Des trousses jaunes.
b. Le / La cadeau est fantastique.
c. Un / Une cahier vert.
d. Le / Les sac à dos de Léon pèse 7 kg.
e. La / L'agenda de Sandra est rouge.
f. Le / La taille-crayon marche très bien.

SCORE ... / 6

3 Associe une question à chaque réponse pour reconstituer l'interview.

1. Salut, comment tu t'appelles ?
2. Tu es dans quelle classe ?
3. Comment s'appelle ton collège ?
4. Quelle est ta couleur préférée ?
5. Quel est ton jour préféré ?
6. Merci beaucoup ! Au revoir !

- Le samedi.
- Jean de la Fontaine.
- Au revoir !
- Le rouge.
- Je suis en 5ᵉ C.
- Je m'appelle Paul.

SCORE ... / 6

4 Demander des informations. Entoure la bonne option.

a. Qui est-ce ? / Qu'est-ce que c'est ? Des livres.
b. Qui est-ce ? / Qu'est-ce que c'est ? C'est un garçon.
c. Qu'est-ce qu'il y a / Qui est dans la trousse ?
d. Quel est / Qui est ton numéro préféré ?

SCORE ... / 4

5 Mets les phrases du dialogue dans l'ordre.

a. Qu' • c'est • est-ce • que   — _____?
b. électronique • C'est • agenda • un •   — _____.
c. marche • Comment • ça   — _____.
d. facile • c'est • Regarde,   — _____.

6 Trouve quatre jours de la semaine.

man cre sa di mer di ven dre di che me di

a. _____ c. _____
b. _____ d. _____

SCORE ... / 8

SCORE ... / 4

SCORE TOTAL ... / 40

UNITÉ 2 — Les 12 mois de l'année

1 **Les 12 mois de l'année** sont écrits dans ces étiquettes. Peux-tu les retrouver ? Utilise des couleurs pour les rassembler.

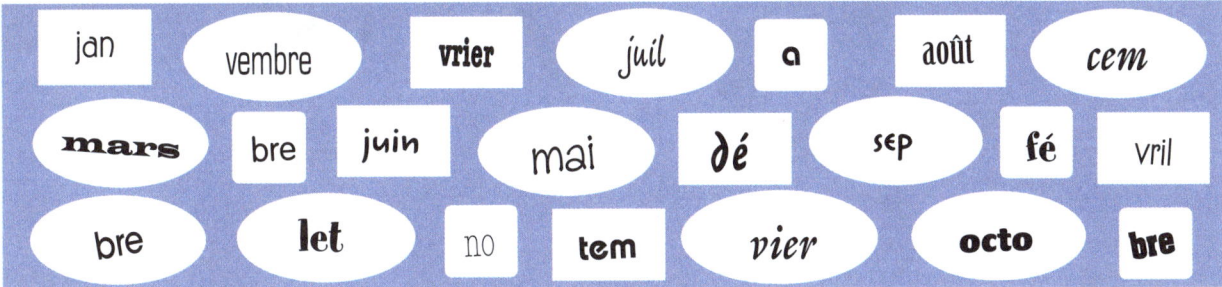

a. Quatre mois sont écrits dans une seule étiquette. Lesquels ?
_____

b. Six mois sont écrits dans deux étiquettes. Lesquels ?
_____

c. Deux mois sont écrits dans trois étiquettes. Lesquels ?
_____

2 C'est quelle date ?

jour / mois	Date
a. 12 / 2	→ C'est le 12 février.
b. 7 / 5	→
c. 30 / 11	→
d. 20 / 9	→
e. 18 / 12	→
f. 15 / 7	→
g. 23 / 3	→
h. 3 / 10	→

3 Qu'est-ce que c'est ? Écoute et relie les nombres.

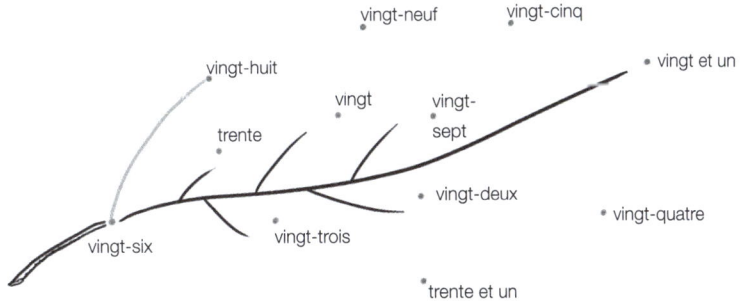

LEÇON 1 — Quel est ton sport préféré ?

1 Retrouve le nom de chaque sport.

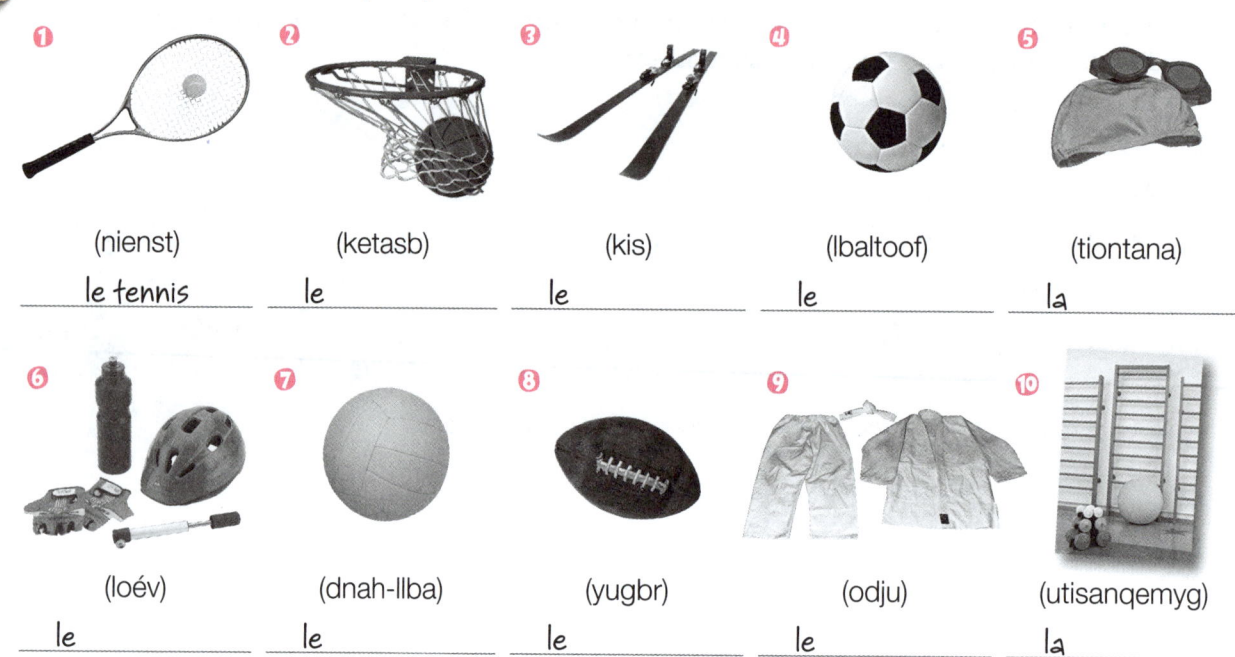

① (nienst) le tennis
② (ketasb) le _____
③ (kis) le _____
④ (lbaltoof) le _____
⑤ (tiontana) la _____
⑥ (loév) le _____
⑦ (dnah-llba) le _____
⑧ (yugbr) le _____
⑨ (odju) le _____
⑩ (utisanqemyg) la _____

2 🎧 16 **Boîte à sons** Écoute et coche la case quand tu entends le son [y] de *lune*.

① [X] ② [ ] ③ [ ] ④ [ ] ⑤ [ ]
⑥ [ ] ⑦ [ ] ⑧ [ ] ⑨ [ ] ⑩ [ ]

3 **Demander des informations.** Colorie de la même couleur les questions et les réponses correspondantes.

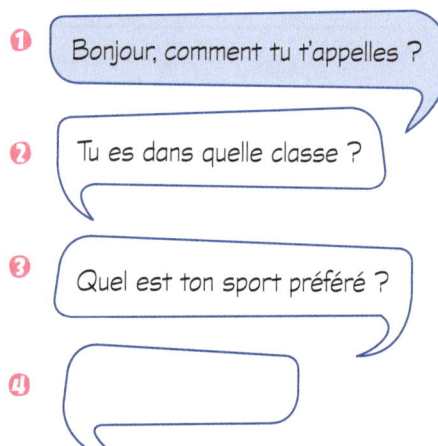

① Bonjour, comment tu t'appelles ?
② Tu es dans quelle classe ?
③ Quel est ton sport préféré ?
④

ⓐ C'est mon hamster.
ⓑ Hugo Dourti.
ⓒ J'aime le basket, le tennis...
ⓓ

Quels sont tes goûts ?

4 Lis la conversation et écris la terminaison des **verbes**.

– Qu'est-ce que tu aim_es_ ?
– J'aim___ la pizza, le chocolat…
– Qu'est-ce que tu détest___ ?
– Je détest___ la barbe à papa !
– Tu détest___ la barbe à papa ?
  Moi, j'ador___ ça !

5 Écoute ces jeunes et dessine le logo correspondant.

aime = ♥   adore = ♥♥   déteste = ✖

6 Qu'est-ce qu'elle *aime* / *déteste* / *adore* ? Fais des phrases.

a. Elle adore les jeux vidéo.
b. _____
c. _____
d. _____
e. _____
f. _____
g. _____
h. _____

vingt-trois 23

LEÇON 2 L'anniversaire de Mélissa

1 🎧 **Masculin ou féminin ?** On parle de Ludo ou de Marion ? Écoute et coche la bonne case.

	1	2	3	4	5	6	7	8
Ludo	X							
Marion								

2 Classe ces adjectifs sous chaque nom.

~~timide~~ • fort • grande • petit • romantique

Marion	Ludo
timide	

3 🎧 **Boîte à sons** Écoute et coche la case quand tu entends le son [R] de guita**r**e.

① guitare [X] ② (cadeau) ③ (fromage) ④ (gomme)
⑤ (serpent) ⑥ (radio) ⑦ (chocolat) ⑧ (rugby)

4 **Décrire quelqu'un.** Complète ces phrases.

très • fort • êtes • ~~intelligents~~ • contente • meilleure

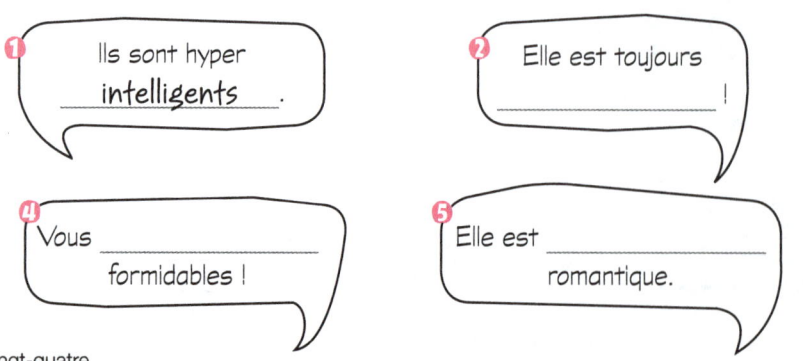

① Ils sont hyper __intelligents__.
② Elle est toujours _____ !
③ Il est petit et très _____.
④ Vous _____ formidables !
⑤ Elle est _____ romantique.

⑥ Ta _____ copine…

Des copains bien différents !

5 Masculin ou féminin ? **Écoute et souligne la phrase entendue.**

① a. Tu es content.
   b. <u>Tu es contente.</u>

② a. Tu es élégant.
   b. Tu es élégante.

③ a. Tu es grand.
   b. Tu es grande.

④ a. Tu es intelligent.
   b. Tu es intelligente.

⑤ a. Tu es petit.
   b. Tu es petite.

⑥ a. Tu es français.
   b. Tu es française.

6 Comment elle est ? Comment il est ? **Souligne l'adjectif qui convient.**

Elle est...
<u>petite</u> / petit
beau / belle
intelligente / intelligent
coquet / coquette
élégante / élégant

Cannelle

Il est...
bleu / bleue
grande / grand
intelligent / intelligente
génial / géniale
élégante / élégant

Pavarotti

7 Observe ces adjectifs. <u>Souligne</u> les adjectifs au féminin. (Entoure) les adjectifs au masculin. [Encadre] les adjectifs identiques au féminin et au masculin.

<u>forte</u>   [ridicule]   géniale   timide   horrible   <u>petite</u>   (fort)   beau

(content)   sportif   intelligent   belle   intelligente   formidable

grand   magnifique   grande   adorable   fantastique   contente

sportive   facile   insupportable   génial   souple   original

petit   triste   élégant   originale   sympathique   rapide

8 Observe les terminaisons et classe les adjectifs dans le tableau.

MASCULIN / FÉMININ (= masc. + e)

_____ / _____
_____ / _____
_____ / _____
_____ / _____
_____ / _____
_____ / _____
_____ / _____
_____ / _____

MASCULIN = FÉMININ

_____ ; _____ ; _____ ;
_____ ; _____ ; _____ ;
_____ ; _____ ; _____ ;
_____ ; _____ ;
_____ ; _____ ;

MASCULIN ≠ FÉMININ

_____ / _____
_____ / _____

LEÇON 2

9 Écoute et coche la case quand tu entends un **pluriel**.

1 [X]   2 ☐   3 ☐   4 ☐   5 ☐   6 ☐   7 ☐   8 ☐   9 ☐   10 ☐

10 Complète les phrases avec le verbe *être* et l'adjectif qui convient.

a. Je _____suis contente_____ .   contente / contents / contentes
b. Il _____ .   intelligente / intelligent / intelligents
c. Elle _____ .   petit / petits / petite
d. Nous _____ .   fortes / fort / forte
e. Tu _____ .   grands / grande / grandes

11 Complète les bulles avec **les pronoms** ou **le verbe être**.

a.
1. _Tu_ es ma meilleure amie !
2. Oh Pava ! Tu _____ adorable !
3. _____ suis seulement un fidèle admirateur...

b.
1. _____ suis fan-fantastique, je _____ beau...
2. Pava _____ intelligent mais _____ est insupportable !

c. Hubert, _____ es très sympa ! Tu _____ mon meilleur copain !

d.
1. Franck et Einstein, vous _____ formidables !
2. Merci ! Nous _____ très timides !

12 Mots croisés. Complète avec **le verbe être** et les pronoms sujets.

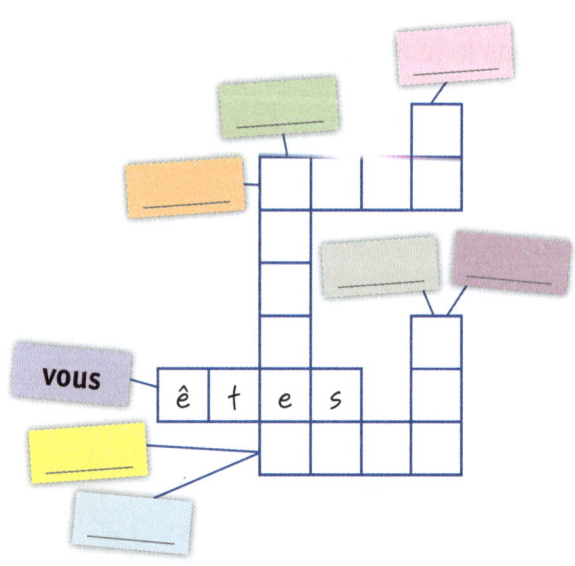

vous — ê t e s

13 Complète.

a. Tu ___es___ ma meilleure copine. (es / est)
b. _____ formidables. (Vous êtes / Tu es)
c. Nous _____ rapides. (sont / sommes)
d. _____ grande. (Il est / Elle est)
e. Elle est _____ . (petit / sympa)
f. Paul est _____ . (content / contente)
g. Marie est _____ . (géniale / génial)
h. Ils sont _____ . (fort / forts)

LEÇON 3 — Les symboles de la France

UNITÉ 2

Tu as une bonne mémoire ? Réponds à ce test à l'aide de la boîte.

a. Quel est le nom de l'hymne national ? <u>La Marseillaise</u>
b. Quel animal représente la France ? _____
c. Quelle est la forme de la France ? _____
d. Le roquefort, qu'est-ce que c'est ? _____
e. Quel est le jour de la fête nationale française ? _____
_____
f. De quelles couleurs est le drapeau français ? _____
_____
g. Quelle est la capitale de la France ? _____
h. Une baguette, qu'est-ce que c'est ? _____
i. Quelle est la devise de la France ? _____
_____
j. La tour Eiffel, qu'est-ce que c'est ? _____
_____

Le 14 juillet • Un fromage • Un monument • Paris • Le coq • Un pain • ~~La Marseillaise~~ • Bleu, blanc, rouge • Un hexagone • Liberté, Égalité, Fraternité

Le blog de Claire

Je lis, je dis

1 Écoute et complète avec les lettres qui manquent.

Bonj___r t___t le monde !
Auj___rd'hui, je v___s présente ma meilleure amie.
Elle s'appelle L___ise mais on l'appelle L___l___.
Elle est de la Guadel___pe. Elle fait de la danse avec moi.
C'est la plus s___ple du gr___pe !
Loulou, je t'aime beauc___p !

2 Réécoute et barre les « e » qui ne se prononcent pas.

3 Écoute et complète avec « u » ou « ou ».

a. c<u>ou</u>leur
b. m___sique
c. pel___che
d. r___ge
e. tr___sse
f. l___ne

4 Lis et barre les « e » qui ne se prononcent pas.

 Luci est sympa et belle !

 Elle s'appelle Isabelle. Elle aime la soupe à la tomate.

 J'adore Julie. Elle arrive dimanche ou lundi, je suis contente !

Bilan écrit

1 **Écris les nombres dans les bonnes cases.**

a. vingt-quatre → ____   c. vingt-sept → ____
b. trente et un → ____   d. dix-huit → ____

SCORE ... / 4

2 **Les goûts de Marius. Complète.**

Marius est très sportif. Il _____ ♥ le tennis et il _____ ♥♥ la natation.
Il _____ ✖✖ la danse.

SCORE ... / 3

3 **Lisette a deux chiens, Lune et Youpi. Place les adjectifs au bon endroit !**

élégante • petit • petite • fort • intelligente • rapide • beau • belle

a. Youpi — Il est… _____

b. Lune — Elle est… _____

SCORE ... / 8

4 **Masculin ou féminin ? Singulier ou pluriel ? Entoure la bonne réponse.**

Lisette est *la / le* meilleure *copine / copain* de Marius. *Elle / Il* est *petit / petite*, *hyper intelligent / hyper intelligente* et très *sportif / sportive*. Marius est très *content / contente* : cette année ils *est / sont* tous les deux en 5ᵉ C.

SCORE ... / 8

5 **Complète avec le verbe être.**

a. Je _____ timide.   c. Ils _____ insupportables.   e. Nous _____ fantastiques.
b. Tu _____ rapide.   d. Elle _____ horrible.

SCORE ... / 5

6 **La date. Retrouve la question et la réponse.**

Lisette • date • de • Quelle • la • est • de • l'anniversaire • février • Le • dix-huit

– _____ ? – _____

SCORE ... / 5

7 **Demander des informations. Complète le dialogue.**

● _____ elle s'appelle ?
■ _____ s'appelle Lisette Boutton.
● _____ est son sport préféré ?
■ Le foot.
● Elle _____ dans quelle _____ ?

■ En 5ᵉ C.
● Elle _____ les maths ?
■ Oui, elle adore les maths !
● Comment _____ ?
■ Très sympathique.

SCORE ... / 7

SCORE TOTAL ... / 40

UNITÉ 3 — Qu'est-ce qu'il fait ?

1 Observe Jérémie. Qu'est-ce qu'il fait ? Complète.

a. Il m a r ch e.
b. Il éc___t___ la radio.
c. Il d___s___.
d. Il s___t___.
e. Il ___mb___.
f. Il cr___.
g. Il pl___r___.
h. Il t___l___ho___e.

Eva arrive rapidement.

Ouf ! Merci Eva ! Tu es très gentille !!!

2 Observe Greta. Qu'est-ce qu'elle fait ? Complète à l'aide de la boîte.

> nage • glisse • chante • saute • mange • dessine

❶

Elle saute.

❷

❸

❹

❺

❻

1 Vive la piscine !

1 Écris en chiffres la suite logique !

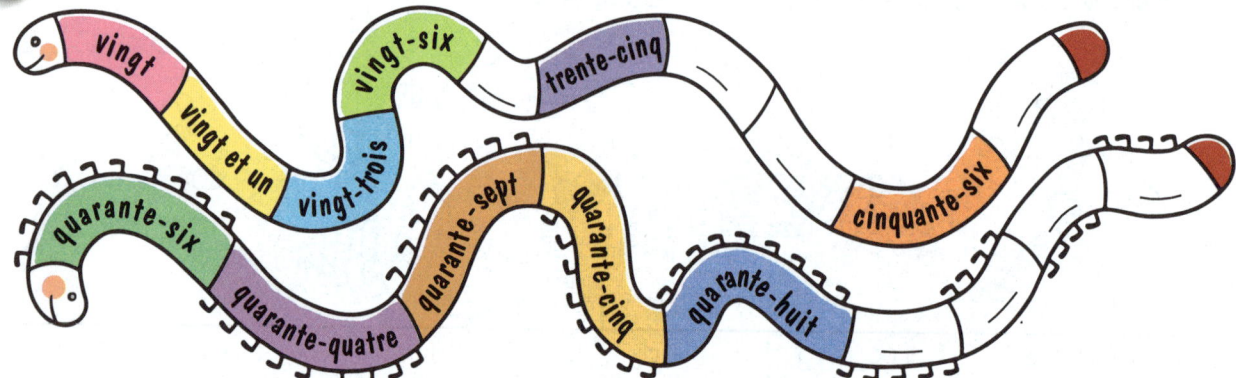

2 🎧 24 **Boîte à sons** Écoute et coche la case quand tu entends le son [ʒ] de *orange*.

3 **Faire des appréciations.** Le gymnase idéal ? Écris le numéro des phrases dans les bulles correspondantes.

❶ Ce gymnase est une catastrophe ! Les machines ne marchent pas bien...
❷ Ce gymnase est génial, tu ne trouves pas ? Je m'entraîne, je nage
❸ Moi, je déteste venir ici ! Les toilettes sont sales !
❹ Moi, j'adore venir ici ! Les moniteurs sont fantastiques !

Qu'est-ce qu'ils font ?

4 **Les verbes en -er.** Associe les pronoms avec les phrases qui conviennent.

a. J' __e / h__
b. Tu _____
c. Elle _____
d. Il _____
e. Elles _____
f. Ils _____
g. Je _____

a. marchent très vite.
b. regarde la télé.
c. téléphone.
d. prépares un sandwich.
e. écoute un match à la radio.
f. chantent très bien.
g. sautes à la corde.
h. aime les croissants.

5 **Complète** les terminaisons des verbes.

❶ 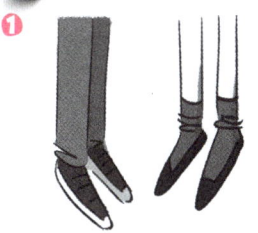 Tu saut**es** ou tu tomb____ ?

❷  Elle chant____ ou elle pleur____ ?

❸  Il jou____ ou il travaill____ ?

❹  Elles parl____ ou elles chant____ ?

❺  Tu mang____ une crêpe ou une pizza ?

❻  Tu t'appell____ Èric ou Cédric ?

❼  Ils regard____ un film ou un vidéoclip ?

❽  Tu récit____ une poésie ?

6 **Mets** ces phrases négatives **dans l'ordre.**

a. pas, • préfère • nage • elle • ne • Elle • bronzer.
   <u>Elle ne nage pas, elle préfère bronzer.</u>
b. monsieur • pas • Un • n'est • content.
   _____
c. marchent • Les • ne • pas. • douches
   _____
d. n' • pas • piscine • la • aime • « Le paradis ». • Il
   _____

LEÇON 1

7 **Complète à l'aide des verbes des boîtes.**

Verbes à la forme affirmative
préparer   penser   étudier   calculer
travailler   mémoriser

Verbes à la forme négative
regarder   écouter   ~~jouer~~

Aujourd'hui, Eva et Jérémie _ne jouent pas_, ils _____ la télé, ils _____ de la musique… Ils _____ un contrôle très important de SVT, et ils _____ beaucoup ! Ils _____ la vie des insectes, ils _____ les noms des astres, ils _____ la distance entre les étoiles… Ils _____ : « Oh là là, c'est compliqué ! »

8 **Complète avec les verbes à la forme négative. Ensuite, écoute et vérifie.**

regarder • être • ~~aimer~~ • écouter • copier • être

Dick _n'aime pas_ l'école : en général, il _____ très attentif en classe, il _____ les explications de son professeur, il _____ les devoirs dans son agenda, il _____ le tableau… il préfère regarder par la fenêtre ! Aujourd'hui, Dick _____ inquiet : il ne sait pas que demain il y a un contrôle de SVT !

9 **Comme deux gouttes d'eau ! Termine la description de Nadia et Jules au pluriel.**

Nadia est un bébé très tranquille : elle joue, elle mange, elle ne pleure pas, elle est toujours contente… Elle est adorable !

Nadia et Jules _sont deux_ _____
_____
_____
_____
_____
_____

LEÇON 2 100% écolos

UNITÉ 3

1 Entoure les nombres que dit Nico l'écolo et souligne les nombres que dit Madame Réflexion.

60 70 80 90
61 (71) 81 91
62 72 82 92
63 73 83 93
64 74 84 94
65 75 85 95
66 76 86 96
67 77 87 97
68 78 88 98
69 79 89 99

2 Microbes champions ! Les microbes organisent des championnats de recyclage. Colorie de la même couleur chaque nombre et son étiquette.

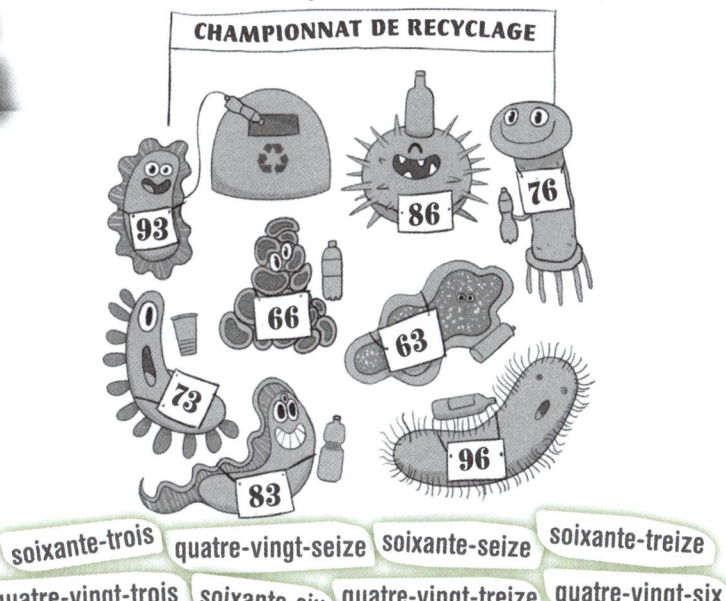

CHAMPIONNAT DE RECYCLAGE

93 86 76 66 63 73 83 96

soixante-trois · quatre-vingt-seize · soixante-seize · soixante-treize
quatre-vingt-trois · soixante-six · quatre-vingt-treize · quatre-vingt-six

3 **Boîte à sons** Écoute et coche la case quand tu entends le son [ɑ̃] de printemps.

4 On parle d'actions écologiques. Écris la question ou la réponse.

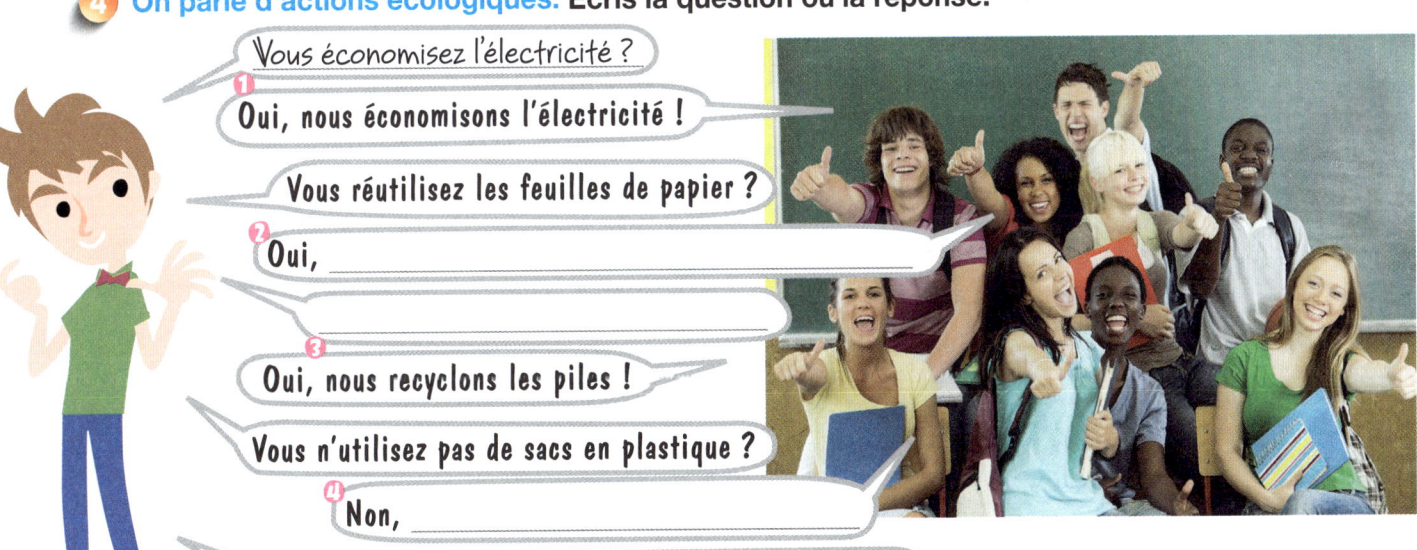

- Vous économisez l'électricité ?
- ① Oui, nous économisons l'électricité !
- Vous réutilisez les feuilles de papier ?
- ② Oui, _____
- ③ _____
- Oui, nous recyclons les piles !
- Vous n'utilisez pas de sacs en plastique ?
- ④ Non, _____
- ⑤ _____
- Oui, nous réutilisons les bouteilles !

trente-trois 33

LEÇON 2 Au collège, on recycle !

5 **Ils sont très sportifs !!**

a. Complète le verbe.
b. Colorie le sujet et la terminaison de la même couleur.

- Tu march**es** très, très vite !
- Oui, je march___ très, très vite !
- Moi, je ne march___ pas très vite.
- Elles march___ très vite.
- Vous march___ vite !
- Il march___ vite !
- Nous march___ très vite !

6 **Les bonnes habitudes au collège. Complète avec *on* ou *nous*.**

a. __Nous__ trions les déchets.
b. _____ utilisons le papier recyclé.
c. _____ respecte les livres du collège.
d. _____ ferme bien le robinet d'eau.
e. _____ respectons les plantes dans la cour.

7 **Transforme avec *on* ou *nous*. Ensuite, écoute et vérifie.**

a. On réutilise le matériel de l'année dernière.
   __Nous réutilisons le matériel de l'année dernière.__

b. Nous limitons l'utilisation de plastique.
   _____

c. Nous réutilisons les bouteilles en plastique.
   _____

d. On ramasse les papiers par terre.
   _____

e. On va au collège à pied ou en vélo.
   _____

LEÇON 3 — Tour de France en péniche

UNITÉ 3

Tu as une bonne mémoire ? Complète à l'aide des informations de la boîte.

> au bord de la mer Méditerranée • la France de l'Angleterre •
> au nord de la France • à transporter des marchandises • par Paris •
> dans les Alpes • plus de 60 mètres de long • sur les fleuves

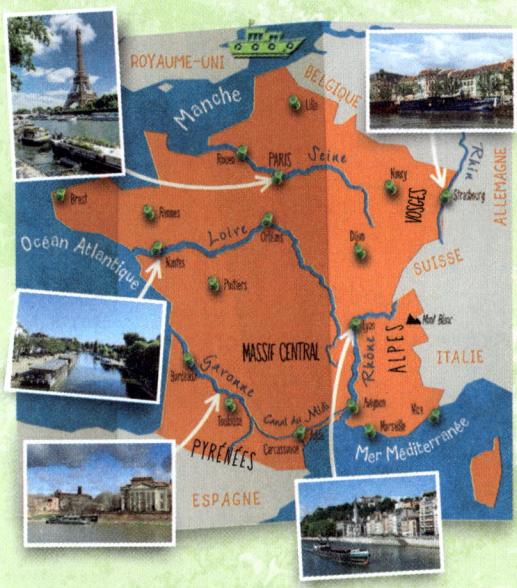

a. Les péniches naviguent ___sur les fleuves___.
b. La péniche sert _____.
c. La péniche peut mesurer _____.
d. Marseille est _____.
e. Lille est _____.
f. La Seine passe _____.
g. Le mont Blanc est _____.
h. La Manche sépare _____.

de Claire

Je lis, je dis

 1 Écoute Claire et entoure quand **elle prononce [o]** comme dans *rigolo*.

> Voici Arn**au**d ! On est dans la même classe et il est très rigolo !
> On adore la piscine tous les deux… Mais il nage plus vite
> que moi ! On fait aussi des concours de saut… Mais le prof
> n'est pas d'accord en général…

2 Lis à voix haute et complète les lettres qui manquent : « au », « o », « eau ».

> Et voici Marga_a_ _ux_ ! J'ad__re son look. Elle a toujours
> des ch____ssures géniales. Et regardez son chap_____,
> sur la ph_o_t_o_… Sympa, non ?
> On est à côté en cours d'informatique… On rit b_____coup.
> Le prof dit « silence ! » et on rit enc__re plus ! C'est terrible !

Bilan écrit

1) Rachid et Gaëtan, 100 % copains ! Claire interroge ces jeunes. Complète les phrases à l'aide des verbes de la boîte.

Claire : Vous _____ très copains ?

Rachid : Oui, on _____ copains depuis l'école primaire.

Gaëtan : Oui… Nous _____ les mêmes choses. Nous _____ les mêmes sports. Nous _____ dans l'équipe de basket du collège.

Claire : Quels autres sports vous _____ ?

Rachid : Moi, j'_____ le judo et la natation.

Gaëtan : Oh oui, la natation, c'est super ! Moi aussi, j' _____ !

Claire : Vous _____ dans la même classe ?

Gaëtan : Non, nous _____ dans la même classe, Rachid _____ en 4ᵉ C, et moi, je _____ en 5ᵉ A.

Claire : De quoi vous _____ quand vous _____ ensemble ?

Rachid : On _____ des copains, des filles, de musique et surtout de sport.

Claire : Vous _____ toujours d'accord ?

Rachid : Oh, non… on _____ de manière différente.

Claire : Par exemple… ?

Gaëtan : Par exemple, Rachid, lui, il _____ fan de l'Olympique de Marseille et moi je _____ du Paris Saint-Germain.

- a. parle
- b. aimons
- c. suis
- d. est
- e. êtes
- f. adore
- g. est
- h. êtes
- i. ne sommes pas
- j. suis
- k. aimez
- l. est
- m. êtes
- n. jouons
- o. pense
- p. êtes
- q. parlez
- r. pratiquons
- s. aime

SCORE …/ 19

2) Complète ce petit résumé à l'aide de l'exercice précédent.

Rachid et Gaëtan _____ très copains. Ils _____ copains depuis l'école primaire. Ils _____ les mêmes choses, ils _____ les mêmes sports, ils _____ dans la même équipe, mais ils _____ de manière différente : Rachid _____ un fan de l'Olympique de Marseille et Gaëtan _____ du Paris Saint-Germain mais… pas de problème !

SCORE …/ 8

3) Calcule et écris le résultat en chiffres.

a. vingt et un + cinquante = _____

b. quarante-trois + trente-six = _____

c. vingt-sept + quarante-neuf = _____

d. quinze + quatre-vingt-trois = _____

e. soixante-six + vingt-cinq = _____

f. quatre-vingt-six + treize = _____

g. soixante-quinze + dix = _____

h. quatre-vingt-seize + deux = _____

i. trente et un + vingt-neuf = _____

SCORE …/ 9

4) Écris à la forme négative.

a. Il parle quatre langues.

_____

b. Elle joue au football.

_____

c. Nous aimons les jeux vidéo.

_____

d. Vous regardez la télé.

_____

SCORE …/ 4

SCORE TOTAL …/ 40

UNITÉ 4
Mélissa adore le vélo !

1 Observe le dessin.
  a. Complète les étiquettes des parties du corps à l'aide de la boîte.
  b. Colorie en rouge les étiquettes des mots qui n'ont pas le même genre dans ta langue.
  c. Écoute et numérote les étiquettes selon l'ordre d'écoute.

le nez

1

les cheveux • la tête • la jambe •
le genou • le nez • les yeux • le cou •
le pied • la cuisse • l'oreille • le dos •
la bouche • le bras • la main •
le doigt • l'épaule • le ventre

2 Comment ils dansent ? Entoure la bonne préposition.

Deux doigts *dans* / *devant* les yeux.

Les mains *sur* / *sous* la tête.

Un doigt *sous* / *dans* chaque oreille.

Les mains *derrière* / *sur* les bras.

Les mains *derrière* / *devant* le dos.

Un doigt *sur* / *dans* le nez.

Un pied *devant* / *sur* le genou.

Un doigt *devant* / *sous* la main.

3 M. Cheveuroux adore faire la sieste, mais attention, il y a plein de fourmis ! Où sont-elles ?

Elles sont...
a. devant l'œil.
b. _____
c. _____
d. _____
e. _____

trente-sept **37**

1 La fête du cerf-volant

1 **Photo de famille.**

a. **Complète les étiquettes.**
b. **Lis et colorie l'illustration.**

1. Il y a un cerf-volant gris sous le palmier.
2. Il y a deux cerfs-volants verts derrière une plante.
3. Il y a un cerf-volant jaune sur un banc.
4. Il y a trois cerfs-volants roses dans la poubelle.
5. Il y a un cerf-volant rouge sous un banc.
6. Il y a un cerf-volant noir et jaune devant un ballon.

~~la mère~~ • le père • la fille • le fils • le grand-père • la grand-mère

_____ _____ _____ _____ la mère _____

2  **Boîte à sons** Écoute et coche la case quand tu entends **le son [ø]** de *jeu*.

3 **Quel âge tu as ?** Complète ces petits dialogues.

– Quel âge tu as ?
– _____ 15 ans.
– Oh, tu es un bébé !

– _____
– _____ 4 semaines.
– Oh là là ! Tu es très vieille !

– _____
– Il a 18 ans.
– Oh là là, il est vieux !
– Oui, mais il est en pleine forme !

La famille d'Edmond Dunez

4 Observe la photo de la famille d'Edmond

a. Écris le numéro correspondant.

1. sa mère
2. son père
3. son oncle
4. sa tante
5. son grand-père
6. sa grand-mère
7. sa sœur
8. son frère
9. ses cousines

b. Qui est-ce ? Complète.

1. ___Elle a___ un long cou. → ___C'est sa mère.___
2. _____ un petit nez. → _____
3. _____ 10 ans. → _____
4. _____ les cheveux longs. → _____
5. _____ les cheveux très courts. → _____

5 Que dit Alice ? Complète avec des adjectifs possessifs.

Pour ___ma___ fête d'anniversaire, j'adore inviter plein d'amis : _____ copains et _____ copines de classe, _____ cousins et _____ voisine Annette… _____ père dit que c'est trop de monde mais finalement il accepte !

6 Monsieur Tristou rencontre une vieille amie.

a. Complète avec l'adjectif possessif qui convient.

b. Écoute et vérifie.

– Bonjour Jacques ! Comment ça va ?
– Ça va.
– Et ___ta___ sœur, comment elle va ?
– Oh ! Elle est malade !
– Et _____ père ?
– Il est à la clinique…
– Et _____ frères ?
– Ils sont à l'hôpital…
– Ah bon… Et à part ça, _____ famille va bien ?

LEÇON 1

7 **Les adjectifs possessifs.** Roger ne trouve pas son sac à dos. Il va au bureau des objets trouvés du collège.

a. Complète le dialogue.
b. Écoute et vérifie.

– Bonjour Roger, qu'est-ce qu'il y a ?
– Bonjour Mme Pasteur ! Euh… je ne trouve pas ___mon___ sac à dos…
– _____ sac à dos ? Comment est-il possible de perdre _____ sac à dos… ?
– Euh…
– Et il est comment, _____ sac à dos ?
– Il est noir et bleu, et à l'intérieur il y a écrit _____ prénom et _____ nom : Roger Dupuis… Il y a aussi _____ trousse, une trousse rouge, _____ cahier de textes, des livres… et _____ grand classeur gris, indispensable pour l'examen de demain et… Oh là là ! Il y a aussi _____ lunettes !
– Bon, bon, ce n'est pas la peine de continuer, regarde où il est _____ sac à dos ! Il est là.
– Ouf, merci Mme Pasteur ! Vous êtes fantastique !
– Ah, ces enfants… !

8 Le téléphone sonne ! Complète.

Qui me téléphone ?
___Mon___ père ?
_____ mère ?
_____ sœur Hélène ?
_____ grands-parents ?
_____ cousins ?
_____ copine Céline ?
_____ voisin Paul ?

9 Complète ces phrases avec **le verbe *avoir***.

a. J'___ai___ un frère.
b. Tu _____ un sac à dos original.
c. Il _____ trois cousines.
d. Elle _____ 13 ans.
e. On _____ un chat et deux lapins.
f. J'_____ les cheveux longs.

LEÇON 2 — Les bonnes habitudes devant l'ordinateur

UNITÉ 4

1 Nous sommes aussi des internautes ! Transforme les phrases comme dans l'exemple.

a. Vous aimez surfer sur Internet. → <u>Nous aimons surfer sur Internet.</u>

b. Vous adorez les chats et les forums. → _____

c. Vous jouez en ligne avec les copains. → _____

d. Résultat : vous passez des heures devant un ordinateur. → _____

2 🎧 34 **Boîte à sons** Écoute et entoure si tu entends le son [z] de on(z)e.

⑪	5	12	7	13	36
14	15	50	16	61	17

3 🎧 35 **Boîte à sons** Écoute et marque la liaison [z].

Vous‿avez trois frères, deux sœurs, et un seul ordinateur ?
Pas de problème : nous avons la solution !
Participez au concours « Mon mini-ordi »
et gagnez un « Mini-Mini »,
le plus petit des ordinateurs !

4 « Tous en forme ».

a. Complète les conseils donnés par l'animatrice.

🎧 36 b. Écoute et vérifie.

changez • regardez • ~~asseyez-vous~~ • gardez • étirez • placez • relâchez

❶ <u>Asseyez-vous</u> bien droit et _____ les épaules.

❷ _____ une distance de 50 cm entre l'écran et vous.

❸ _____ les pieds à plat sur le sol.

❹ _____ souvent de position : _____ les bras et les jambes !

❺ _____ souvent par la fenêtre.

LEÇON 2 — Pause pub

5 Que dit le professeur Nagakata ? Écoute et entoure la consigne entendue.

1. a. (Marche !)   b. Marchez !
2. a. Saute !   b. Sautez !
3. a. Joue !   b. Jouez !
4. a. Danse !   b. Dansez !
5. a. Chante !   b. Chantez !
6. a. Salue !   b. Saluez !

Robotix de Sonix ! Les nouveaux jouets intelligents !!!

6 Écoute et coche la case quand tu entends un ordre.

1. [X]   2. ☐   3. ☐   4. ☐   5. ☐   6. ☐   7. ☐   8. ☐   9. ☐   10. ☐

7 Les parents de Marion, Bruno et Olivier ne sont pas à la maison. Olivier en profite ! Complète les ordres qu'il donne à son frère et à sa sœur.

arrête • Fermez • ~~Préparez~~ • cherche

Oui, chef !

a. Bruno et Marion ! __Préparez__ des sandwichs !
b. _____ les fenêtres !
c. Marion, _____ la télé !
d. Et toi, Bruno, _____ mon livre de maths !

8 a. Complète cette publicité avec le verbe *avoir*.
b. Écoute et vérifie.

Chez TRONIK tous les prix sont fantastiques !!!!
J'__ai__ un mini-ordinateur, quel bonheur !
Tu _____ une superbe tablette, c'est chouette !
Elle _____ 20 jeux électroniques, c'est fantastique !
Vous _____ mille CD, olé, olé !
Nous _____ un portable dernière génération !
Quelle émotion !
Nous achetons tous chez TRONIK !
Chez TRONIK, tous les prix sont fantastiques !

9 Complète avec le verbe *avoir* et écris ces phrases à la forme négative.

a. Vous __avez__ un ordinateur portable. → __Vous n'avez pas d'ordinateur portable.__
b. Nous _____ un agenda. → _____
c. Tu _____ une voiture. → _____
d. Elle _____ un problème. → _____

LEÇON 3 — Petite histoire des noms de famille

UNITÉ 4

Tu as une bonne mémoire ? Vrai (V) ou faux (F) ?

a. Au début, les personnes portent un seul prénom. → __V__

b. Au XIIe siècle, la population diminue. → _____

c. Beaucoup de gens portent le même prénom. → _____

d. Ce n'est pas un problème. → _____

e. Au XXe siècle, on a l'idée de rajouter un surnom pour se différencier. → _____

f. Les surnoms sont à l'origine des noms de famille. → _____

g. Les noms de famille viennent souvent des professions. → _____

h. Tous les noms sont faciles à porter. → _____

 de Claire

 Je lis, je dis

 **1** Écoute Claire et marque **les liaisons (‿)**.

> Pour répondre à Valentine, je ne suis pas fille unique. J'ai deux frères, des jumeaux ! Antoine et Nicolas. Ils ont six ans et comme tous les frères, ils sont insupportables !
>
> Ils ont toujours des idées stupides : ils cachent mes lunettes, mes cahiers, les photos de mes copains… Ils écrivent des mots idiots dans mon agenda…

2 Lis la suite de la réponse de Valentine98 à Claire.

a. Marque toutes **les liaisons (‿)** et entraîne-toi à lire à haute voix.
b. Écoute et vérifie.

> Ma pauvre… 😊 ;) J'ai aussi deux voisins jumeaux ! Ils ont onze ans. Ils ont toujours des idées stupides ! Ils sont vraiment terribles ! Ils passent des heures à imaginer des histoires !!!

Bilan écrit

1 **Entoure l'adjectif possessif qui convient.**

a. Il parle avec *son / sa / ses* fille.
b. Elle n'aime pas *ton / ta / tes* voisins.
c. Tu détestes *mon / ma / mes* chien.
d. Je regarde *ton / ta / tes* photo.
e. Il ne trouve pas *son / sa / ses* maman.
f. Je te présente *mon / ma / mes* sœur.
g. Tu chantes avec *ton / ta / tes* copains.
h. Adrien et Sarah sont *son / sa / ses* amis.
i. Quel est *ton / ta / tes* couleur préférée ?
j. Je mets *mon / ma / mes* casque.

SCORE ... / 10

2 **Paul est un peu désordonné. Il ne trouve pas ses 5 stylos-plume blancs. Où sont-ils ?**

a. _____
b. _____
c. _____
d. _____
e. _____

SCORE ... / 10

3 **Complète cette publicité avec le verbe *avoir*.**

1. J'_____ un problème !
2. Oh oui ! Tu _____ un problème !!!
3. Elle _____ un gros problème !!! Et vous ? Vous _____ des problèmes ?
4. Nous _____ la solution ! Oui, on _____ la solution avec Magicblanc ! Magicblanc... Le blanc magique !

SCORE ... / 5

4 **Écris ces phrases à la forme négative.**

a. J'ai un frère. → _____
b. Tu as une moto. → _____
c. Ils ont un chien. → _____
d. Nous avons une cousine. → _____

5 **Complète les ordres du professeur de théâtre.** **SCORE ... / 5**

a. Chant___ !
b. Saut___ !
c. Regard___ !
d. Écout___ !
e. Récit___ !

f. Chant___ !
g. Saut___ !
h. Regard___ !
i. Écout___ !
j. Récit___ !

SCORE ... / 10

SCORE TOTAL ... / 40

Looks de vacances

1 Qu'est-ce que c'est ? Écris le numéro qui correspond à chaque **vêtement**.

① un manteau ② un anorak ③ des chaussettes ④ un chapeau ⑤ un tee-shirt
⑥ un pantalon ⑦ des bottes ⑧ une casquette ⑨ une jupe ⑩ un pull
⑪ des baskets ⑫ une chemise ⑬ un gilet ⑭ une robe ⑮ une écharpe
⑯ des chaussures à talons ⑰ des sandales ⑱ un blouson ⑲ un short

2 Complète la grille avec le nom de ces **vêtements** et l'article correspondant.

LEÇON 1 Je voudrais une casquette...

1 Choisis la bonne réponse.

a. J'adore ce sac. __Il__ (Il / Elle) est pratique.

b. _____ (Cet / Ce) anorak est magnifique. Il est très _____ (beau / belle).

c. _____ (Ces / Ce) chaussures sont confortables et _____ (elles / ils) ne sont pas chères.

d. Oh là là ! _____ (Cette / Ces) prix sont incroyables !

2 🎧 42 **Boîte à sons** Écoute et coche la case quand tu entends le son [v] de che*v*eu.

3 Dans un **magasin de vêtements**.

a. Complète le dialogue.
🎧 b. Écoute et vérifie.

Je voudrais • Comment trouvez-vous • ~~Vous désirez~~ • Le prix • chère • Désolée • elle coûte • fantastique

– Bonjour, mademoiselle ! __Vous désirez__ ?

– _____ une robe rouge.

– Regardez... _____ cette robe ?

– Oh, elle est _____ ! Combien _____ ?

– 150 €.

– 150 € ? _____ aussi est fantastique ! _____, monsieur, elle est trop _____ pour moi !

4 Barre la formule qui ne convient pas.

a. Maman, cette jupe est fantastique, *tu ne trouves pas ?* / ~~*vous ne trouvez pas ?*~~

b. Bonjour madame ! *Tu désires ?* / *Vous désirez ?*

c. Monsieur, comment *vous trouvez* / *tu trouves* ce blouson ?

d. Papa, *vous aimez* / *tu aimes* ma casquette ?

UNITÉ 5

La roulette des vêtements

5 Complète avec *ce*, *cet*, *cette* ou *ces*.

Oh, j'adore **cette** jupe, _____ robe, _____ anorak... _____ blouson, _____ chemise... _____ chaussettes multicolores, _____ bottes hyper-modernes, _____ chapeau, _____ bonnet, _____ sandales, _____ écharpe, _____ sac... Tout est hyper à la mode ! C'est génial, tu ne trouves pas ?

Oh ! Tu es vraiment une *fashion victim* !

6 Pour parler de vêtements.

a. **Remets les lettres dans l'ordre et retrouve les adjectifs.**
b. **Écoute et vérifie.**

1. Ce pantalon est *blerihor* **horrible** !
2. Ces chaussures sont *lesnigéa* _____ .
3. Je trouve ce sac très *tiquepra* _____ !
4. Oh, c'est trop *nlu* _____ !
5. C'est une chemise super *riginaole* _____ .
6. Ce tee-shirt est trop *dial* _____ !
7. Ce short est *diculeri* _____ .
8. Ce pull est très *ebau* _____ !

7 Réécris au pluriel.

Pourquoi tu n'achètes pas...
a. cette casquette ? → **ces casquettes ?**
b. cette écharpe ? → _____
c. ce gilet ? → _____
d. cette chemise ? → _____
e. cet anorak ? → _____

Parce que je ne suis pas milliardaire, moi !

8 Mets les phrases au singulier.

a. Ces filles sont stupides !
b. Ces garçons aussi !
c. Ces dames sont antipathiques !
d. Ces enfants sont insupportables !

a. **Cette fille est stupide !**
b. _____
c. _____
d. _____

Le monde entier est contre moi !!!

quarante-sept 47

LEÇON 1

9 Complète ces bulles avec le verbe *mettre*.

Qu'est-ce que tu ___mets___ dans ton sac ? Il est hyper-grand !!!

Je _____ tout : les livres, les cahiers, mon pull, mon bonnet...

Il _____ aussi son anorak et son skate ! C'est un sac énorme !

Qu'est-ce que vous _____ aujourd'hui, les jumelles ? ces jolies jupes ? ces robes ?

Oh là là, elles _____ toujours la même chose !!!!!

Non, non, nous mettons ces jeans !

10 Relie la question et la réponse pour demander et dire la cause.

1. Pourquoi tu prends une chaise ? •
2. Pourquoi tu n'aimes pas la gym ? •
3. Pourquoi tu es triste ? •
4. Pourquoi tu détestes Kévin ? •
5. Pourquoi tu sautes ? •

• a. Parce qu'il est idiot.
• b. Parce que je suis contente.
• c. Parce que je suis fatigué.
• d. Parce que mon chien est malade.
• e. Parce que c'est très difficile.

11 Complète avec *pourquoi* et *parce que*.

1 Pourquoi tu marches vite ?

2 ___Parce que___ je suis en retard.

3 _____ tu es en retard ?

4 Parce que je ne suis pas à l'heure.

5 _____ tu n'es pas à l'heure ?

6 _____ je suis en retard.

7 Et pourquoi tu es en retard ?

48 quarante-huit

LEÇON 2 — La fête du siècle

UNITÉ 5

1 Complète les heures et dessine les aiguilles ( ) correspondantes.

 a. Il est midi _et_ demie.

 b. Il _____ trois _____ et demie.

 c. _____ est cinq _____ dix.

 d. Il est une _____.

 e. Il est deux heures et _____.

 f. Il est six heures moins le _____.

2  **Boîte à sons** Écoute et coche la case quand tu entends le son [œʀ] de h**eu**re.

 ❶ ✗    ❷    ❸    ❹    ❺

 ❻    ❼    ❽    ❾    ❿

3 Les actions quotidiennes. Complète les bulles.

❶ – _Qu'est-ce_ qu'il fait ?
– _____ le ménage.

❷ – Qu'est-ce _____ ?
– Il _____ la cuisine.

❸ Je _____ mes devoirs.
Et toi, _____ tu _____ ?

❹ – Qu'est-ce qu'elle _____ ?
– _____ les courses.

2 Quelle heure est-il ?

4 Que fait Mistigris à midi ? et à minuit ?

a. Indique les heures et complète les vignettes avec les verbes suivants : *faire*, *regarder*, *être*.

b. Écoute et vérifie.

Mistigris est un peu coquin !!!

❶ Il est ___midi___. Mistigris mange ses délicieuses croquettes.

❷ _____. Il _____ une longue et délicieuse sieste.

❸ _____. Il _____ la rue par la fenêtre.

❹ _____. Mistigris _____ dans la rue avec ses amis.

❺ _____. Il rentre finalement à la maison.

5 Recopie les heures à côté des horloges correspondantes.

onze heures • midi et quart • ~~dix heures moins cinq~~ • quatre heures et demie

a. Il est ___dix heures moins cinq___.

b. Il est _____.

c. Il est _____.

d. Il est _____.

6 Écris les sujets du verbe *faire* au présent.

tu   vous   elle   on   elles
nous   ils   ~~je~~   il

| ___je___ / ___ fais | ___ / ___ / ___ fait |
| ___ faisons | ___ faites | ___ / ___ font |

7 Complète ces phrases avec le présent du verbe *faire*.

a. – Qu'est-ce que tu ___fais___, Célestin ?
   – _____ un beau dessin.

b. – M. Martin, qu'est-ce que _____ ?
   – _____ des crêpes.

c. – Luc et Marion, qu'est-ce qu' _____ ?
   – Ils jouent de l'accordéon.

d. Gaston et moi, nous _____ des pizzas.

LEÇON 3 — Un week-end à Bruxelles

UNITÉ 5

Tu as une bonne mémoire ? Barre les informations fausses.

a. Emma habite *en France* / ~~en Belgique~~ / ~~en Suisse~~.
b. Elle va passer le week-end avec son frère qui est *étudiant Erasmus* / *professeur* / *institutrice* à Bruxelles.
c. C'est la *première fois* / *la troisième fois* qu'elle visite Bruxelles.
d. Elle arrive *par le train* / *en avion* à la gare de Bruxelles-Midi.
e. Samedi matin, elle visite *la Grand-Place* / *l'Atomium* / *le Manneken-Pis*.
f. On décore la Grand-Place avec un grand tapis de fleurs tous les *4 ans* / *2 ans* / *3 ans*.
g. Samedi après-midi, elle découvre *le Musée de la bande dessinée* / *le Manneken-Pis* / *le musée Magritte*.
h. Samedi, Emma et son frère dînent *dans une crêperie* / *dans une brasserie* / *dans un parc*.
i. Le Manneken-Pis représente *une petite fille* / *un petit chien* / *un petit garçon*.

Le blog de Claire

Je lis, je dis

1 « a » ou « oi » ? Lis et complète ce petit message d'un autre ami de Claire. Ensuite, écoute et vérifie.

Salut ! M__oi__ c'est Moust__ph__, je suis d'accord avec Franç___s,
je pense que Claire est géni___le !
J'aime spéci___lement les signes chin___s qu'elle fait. Parf___s, c'est comme
des ___seaux n___rs, parf___s comme des ét___les... C'est très joli !
Claire, n'écoute pas les critiques ! Tu es très origin___le ! Continue comme ç___ !
Au rev___r !

2 Rassemble les pièces et retrouve 6 mots qui contiennent la graphie « oi ».
Écris ces mots sous le bon dessin.

Bonsoir ! _____ _____ _____ _____ _____

cinquante et un **51**

Bilan écrit

1. Complète le dialogue avec *ce*, *cet*, *cette*, *ces*.

– _____ livre de maths est compliqué.
– Oui, _____ problèmes sont difficiles, mais _____ exercice est facile !
– On fait une petite pause ?
– OK ! Super ! _____ idée est… géniale !

SCORE …/4

2. *Pourquoi* ou *Parce que* ?

a. – _____ tu chantes ?
– _____ je suis contente.
b. – _____ tu ne bois pas de lait ?
– _____ je déteste ça.
c. – _____ tu n'achètes pas ce pull ?
– _____ je n'aime pas la couleur.

SCORE …/6

3. Regarde les dessins et donne ton avis sur ces vêtements.

❶ ❷ ❸

a. _____
b. _____
c. _____

SCORE …/6

4. Quelle heure est-il ? Complète.

a. Il est _____.
b. Il est _____.
c. Il est _____.
d. Il est _____.

SCORE …/8

5. Complète avec le verbe *faire*.

– Alice, Marc, qu'est-ce que vous _____ ce week-end ?
– Nous _____ une excursion. Tu veux venir ?

– Qu'est-ce que tu _____ ?
– Je _____ un gâteau au chocolat. Tu m'aides ?

– Ils _____ du sport : il _____ de la course à pied et elle, de l'escalade !

SCORE …/6

6. Mets dans l'ordre les questions et associe à la bonne réponse.

1. cuisine • est • le chat • Est-ce que • dans la
– _____ ? •

2. pour • je mets • Qu'est-ce que • ciné • aller au
– _____ ? •

3. Quelle • est-il • en • ce • heure • moment
– _____ ? •

4. le garçon • Pourquoi • n'achète • casquette • pas • la
– _____ ? •

5. tu fais • Qu'est-ce que • dimanche • le
– _____ ? •

• a. Elle est trop chère.
• b. Je vais à la campagne.
• c. Un jean, par exemple.
• d. Non, il est dans le salon.
• e. 10 heures.

SCORE …/10

SCORE TOTAL …/40

L'A B C Délices

1 Vocabulaire des aliments.

a. Complète les noms des étiquettes.
b. Écris ces noms dans la grille à côté du dessin correspondant.

_l_ait (m.)   _ucre (m.)   _éréales (f.)   _iwi (m.)   _izza (f.)   _atte (f.)   _uile (f.)

_aïs (m.)   _lace (f.)   _âteau (m.)   _ain (m.)   _eurre (m.)   _oix (f.)   _aourt (m.)

_omate (f.)   _iel (m.)   _nanas (m.)   _onfiture (f.)   _uf (m.)   _ambon (m.)

_and_ich (m.)   _roma_e (m.)   _range (f.)   _artine (f.)   _us (m.)   _aisin (m.)

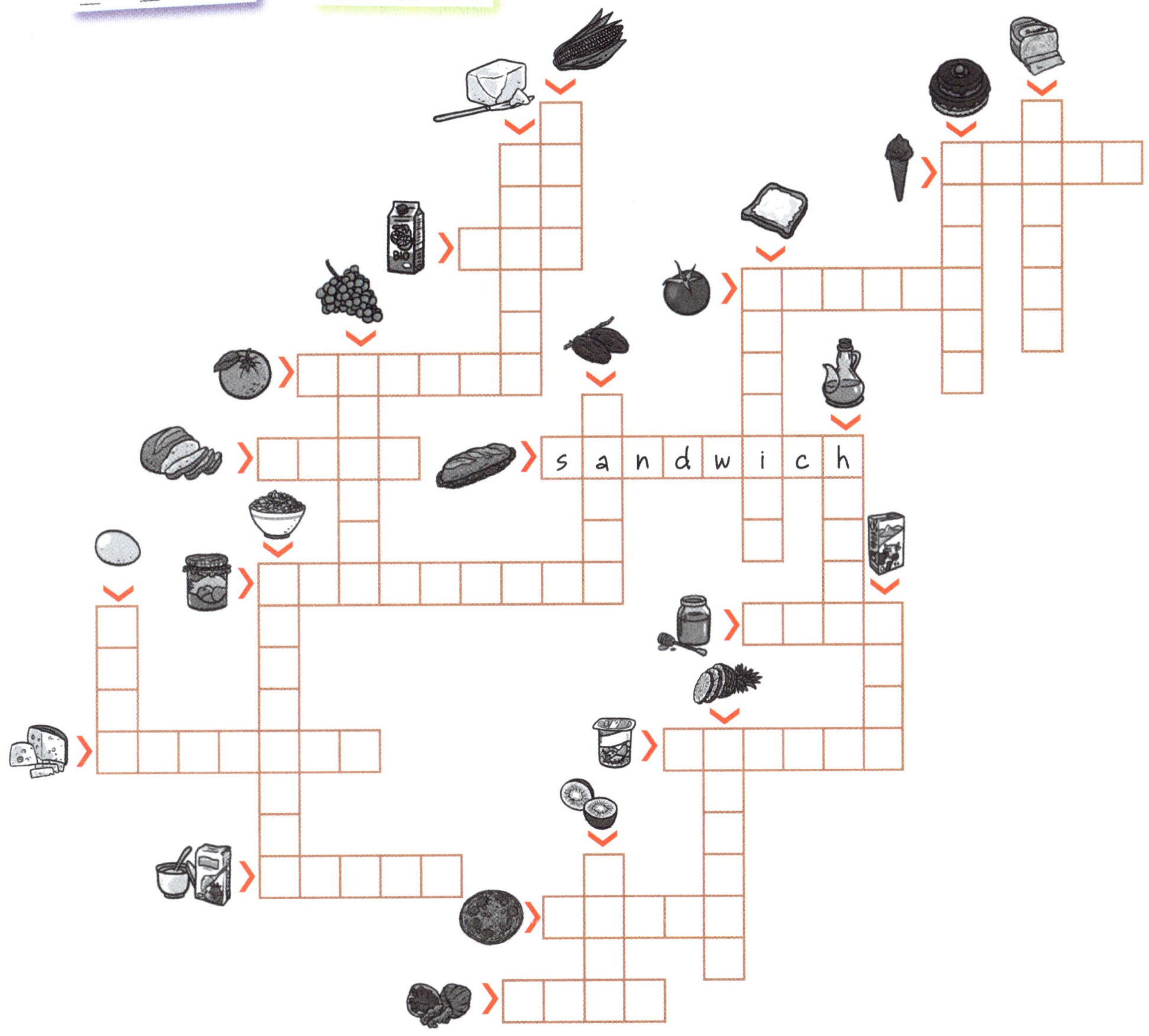

s a n d w i c h

LEÇON 1 — C'est l'heure du goûter !

1 Complète le texte à l'aide de la boîte.

> biscuits • du goûter • très faim • une tartine • ~~4 heures~~ • il préfère • confiture • du fromage • ne veut pas de • banane

Il est ____4 heures____, c'est l'heure _____. Tom a _____.
Son papa lui propose _____ avec _____. Tom _____
fromage. Alors son papa lui propose de la _____, des _____,
ou une _____. Tom refuse : il ne veut pas manger, _____ son biberon !

2 Relie les deux colonnes et complète les phrases avec **l'expression *avoir faim***.

1. Il mange beaucoup.
2. Tu ne manges pas,
3. Les enfants, le goûter est prêt,
4. Quand nous rentrons de la piscine,

a. vous _____ faim ?
b. nous _____ très _____ !
c. tu n' _____ ?
d. Il ____a____ faim.

3 🎧 **Boîte à sons** Écoute et coche la case quand tu entends **le son [ɛ̃] de *lapin***.

1. (lapin) [x] 2. 30 [ ] 3. (croissant) [ ] 4. (baguette) [ ] 5. (main) [ ]
6. 40 [ ] 7. (train) [ ] 8. 15 [ ] 9. (main) [ ] 10. 20 [ ]

4 Proposer, demander ou refuser des aliments. Mets ces phrases dans l'ordre.

a. veux • goûter ? • Qu'est-ce • pour • ton • que • tu
   Qu'est-ce que tu veux pour ton goûter ?

b. tartine • te • Je • plaît. • une • s'il • veux
   _____

c. faim. • pas • Non • n'ai • je • merci,
   _____

d. fromage. • veux • Je • de • pas • ne
   _____

Le labyrinthe du petit déjeuner

UNITÉ 6

5 *Du / de la / des* ? ou *un / une* ?

   a. Complète.
   b. Écoute et vérifie. (49)

Moi, le matin, je mange bien... __Un__ jus de fruits, _____ café au lait, _____ tartines grillées avec _____ beurre et _____ confiture...

Moi, j'aime le salé, alors le matin je mange _____ pain avec _____ fromage et _____ jambon et je bois _____ jus d'orange...

Moi, _____ grand bol de céréales avec _____ lait froid et c'est tout !

Moi, je prends deux œufs à la coque ! J'adore ça... et après... _____ pain... avec _____ confiture, _____ biscuits, _____ croissant et _____ grand verre de lait avec _____ miel. Comme ça, je suis bien en forme !

6 Quentin est un peu étourdi : il va au supermarché et il oublie sa liste à la maison. Regarde son panier et compare avec la liste.

huile, lait, oranges, céréales, miel, tomates, ananas, eau minérale, beurre, chocolat, confiture

Il achète... ✔

de l'huile

du _____

_____

de la _____

des _____

_____

Il n'achète pas... ✘

d' _____

_____

_____

de _____

_____

7 Complète avec le verbe *prendre* et indique les pronoms sujets possibles.

__il__ / ____ / ____

____ / ____

____ / ____

p r e n o n s

LEÇON 2 La journée de Valentin

1. Valentin se prépare pour aller au collège.
   a. Complète avec les actions quotidiennes suivantes.
   b. Écoute et vérifie.

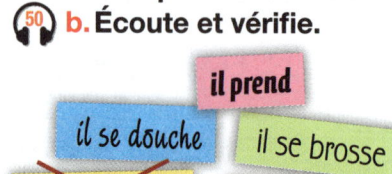

il prend · il se douche · il se brosse · ~~il se réveille~~ · il regarde · il s'habille · il se coiffe · il part

« Ohhh, il est tard ! Je me lève ! »
« Une bonne douche, ça fait du bien ! »

Il se réveille. _____

« Où est mon tee-shirt noir ? »

Il met sa crème anti-acné. _____ _____ son petit déj'.

« Hum... ma nouvelle coiffure est un peu compliquée ! »
« Oh, aujourd'hui il y a gym. »

_____ les dents. _____ _____ son emploi du temps.

Enfin, _____ au collège !

« Je ne comprends pas pourquoi je suis toujours en retard ! »

Et toi, tu comprends ?

2. **Boîte à sons** Écoute et coche la case quand tu entends le son [ʃ] de chat.

 ①  [X]   ②  [ ]   ③  [ ]   ④  [ ]   ⑤ [ ]

⑥  [ ]   ⑦ 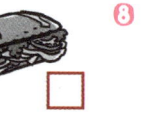 [ ]   ⑧  [ ]   ⑨  [ ]   ⑩  [ ]

La « journée » de Nosfer

3 As-tu une bonne mémoire ? Entoure la bonne option sans regarder la BD de Nosfer.

a. Nosfer se réveille *à midi / très tard le matin / à minuit.*
b. Il se lève : *il est de bonne humeur / il n'est pas content / il est triste.*
c. Pour son petit déjeuner, il prend *un jus d'orange / un petit verre de jus de tomate / un peu de sang.*
d. Il se douche *à 2 heures / à 1 heure / à minuit et demie.*
e. Il se brosse *les dents / les cheveux / les mains.*
f. Il s'habille et il met un pull *noir / rouge / blanc.*
g. Il se coiffe *avant de partir / après le petit déjeuner / après la douche.*
h. Nosfer sort de chez lui et rencontre *un ami zombie / un vampire / un fantôme.*
i. Ils vont *se promener / danser / à un concert de rock.*

4 Complète avec **les moments de la journée et les repas**.

a. ☀ Le ___matin___, je prends un bon _____.
b. 🕐 À _____, je _____ à la cantine du collège.
c. 📟 L'_____, je _____.
d. 🌙 Le _____, je _____ avec toute ma famille.

5 Complète ces **verbes pronominaux** et indique les illustrations qui correspondent à chaque personne.

1. Je ___me___ réveill_____. → _b_
2. Tu _____ lav_____. → __
3. Il _____ douch_____. → __
4. Nous _____ habill_____. → __
5. Vous _____ promen_____. → __
6. Elles _____ couch_____. → __

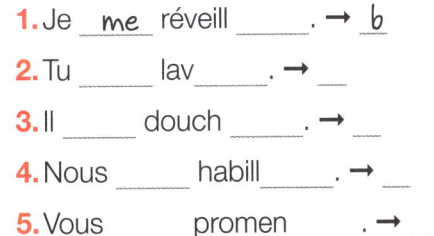

LEÇON 2

6 **La professeure méthodique. Réponds aux questions.**

Tous les jours, Madame Ponctuelle se lève à la même heure.
Elle prend son petit déjeuner 20 minutes plus tard.
40 minutes après son petit déjeuner, elle prend le métro.
Le trajet dure 30 minutes.
Elle arrive à l'école à 8 heures 25.

a. À quelle heure se lève Mme Ponctuelle ? Elle se lève à _____

b. À quelle heure elle prend le métro ? _____

7 **La vie quotidienne.** Test : Sais-tu organiser ton temps ?

1 Tu rentres de l'école et…
- ● tu goûtes et tu fais tes devoirs.
- ■ tu goûtes, tu te reposes et tu fais tes devoirs.
- ▲ tu goûtes, tu regardes la télé, tu sors avec tes copains et, finalement, tu n'as pas le temps de faire tes devoirs.

2 Tu prépares ton sac…
- ■ le matin avant ton petit déjeuner.
- ▲ cinq minutes avant de partir pour l'école.
- ● le soir avant de te coucher.

3 Le 4 février, ton professeur de SVT te donne un devoir à présenter le 19 février.
- ● Tu commences à chercher le matériel dès la première semaine.
- ■ Tu termines ton devoir le 18 février à 9 heures du soir. Ouf !
- ▲ Le 19 février ton devoir n'est pas terminé ! Comment est-ce possible ?

4 Tu arrives en retard en classe. Tu penses :
- ▲ Ce n'est pas grave !
- ● Quelle horreur !
- ■ Bon, pour une fois…

Compte les ■, les ▲ et les ● :

3 ● ou plus : Tu es une personne méthodique. Tu aimes la ponctualité, bravo. Mais attention, savoir improviser, c'est aussi nécessaire !

3 ■ ou plus : Tu es capable d'improviser. Bravo ! Encore un petit effort pour l'organisation et ce sera parfait !

3 ▲ ou plus : Ton manque d'organisation te pose de graves problèmes. Cherche vite des solutions !

LEÇON 3 — 4 bonnes idées pour les vacances

UNITÉ 6

Tu as une bonne mémoire ? Colonies de vacances en France. Complète ces fiches sur les vacances de chaque jeune (page 70 du manuel de l'élève).

Qui ? _____
Où ? _____
Activités : _____
_____
_____

Qui ? _____
Où ? _____
Activités : _____
_____
_____

Qui ? _____
Où ? _____
Activités : _____
_____
_____

Qui ? _____
Où ? _____
Activités : _____
_____
_____

Le blog de Claire

Je lis, je dis

1 Écoute Martin et entoure quand **il prononce [ɛ̃]** comme dans *mat**in***.

> Salut ! Chez moi, le matin, c'est très différent ! Mon père et ma mère commencent à travailler très tôt, alors, comme je suis tout seul, je prends mon petit déj' avec Arlequin, mon cochon d'Inde. Je prépare un véritable festin : des céréales, des fruits, des biscuits… On est vraiment très copains !

2 Chasse les intrus ! Lis ces mots et barre ceux qui ne contiennent pas **le son [ɛ̃]** de *pain*.

américain   vingt   fin   Pleine   lapin   fine   demain   copain

~~chienne~~   vin   insecte   argentine   plein   Martine   main

Valentin   train   humain   ceinture   Sylvaine   plein   Sylvain

faim   invente   Benjamin   mexicaine   inhumaine   jardin

Bilan écrit

1 Les articles partitifs. Complète cette liste avec *du*, *de la*, *de l'*, *des* ou le nom des aliments.

a. _____ lait
b. du _____
c. _____ biscuits
d. de la _____
e. _____ bananes
f. de l' _____
g. _____ huile
h. des _____
i. _____ glace
j. du _____

SCORE .../10

2 Le verbe *prendre*. Complète la question et réponds à la forme négative.

a. – Tu _____ du jambon ?
– Non, _____.

b. – Elle _____ des oranges ?
– Non, _____.

c. – Ils _____ du chocolat ?
– Non, _____.

d. – Vous _____ des sandwichs ?
– Non, _____.

e. – On _____ de la pizza ?
– Non, _____.

SCORE .../10

3 Les actions quotidiennes. Que fait Martine ?

SCORE .../10

4 Les expressions de temps et les actions quotidiennes. Martine, dessinatrice, est à Angoulême au festival de la BD. Elle écrit un mail à son frère. Barre la formule qui ne convient pas.

À : Valentin
Objet : Festival de la BD

Cher Valentin,

Ici, tout se passe bien. Je *me réveille / me couche* à 7 h du matin. *À les / À* 7 h 30, je prends un bon *petit déjeuner / déjeuner* et je pars tout de suite au festival de la BD.

À 8 h 30, j'arrive au festival et je *te / me* promène de stand au stand, je *m'arrête / me lève* pour parler avec les dessinateurs. C'est très intéressant ! *Au / À* midi, je mange dans un petit restaurant et *l' / pour l'*après-midi, je travaille à la rédaction de *Top Magazine* pour finir ma BD.

Le soir / L'après-midi, vers 19 h, je rentre à l'hôtel et je *me repose / me promène* avant le *goûter / dîner*.

Et toi, ça va ? Écris-moi vite, je t'embrasse très fort !

Ta sœur Titine

SCORE .../10

SCORE TOTAL .../40

Compréhension de l'oral — 10 points

  Écoute et réponds (mets une croix dans la case correspondante).

1. Qu'est-ce que c'est ?
   a. Une publicité à la télé.
   b. Une offre spéciale.
   c. Une tombola.

   SCORE ... / 2

1. Où est-ce ?
   a. Dans un collège.
   b. Dans une bibliothèque.
   c. Dans un supermarché.

   SCORE ... / 2

1. La personne annonce :
   a. Des produits d'alimentation.
   b. Le matériel obligatoire pour la rentrée.
   c. Une offre sur le matériel scolaire.

   SCORE ... / 2

4. Signale les 4 articles qui sont nommés.

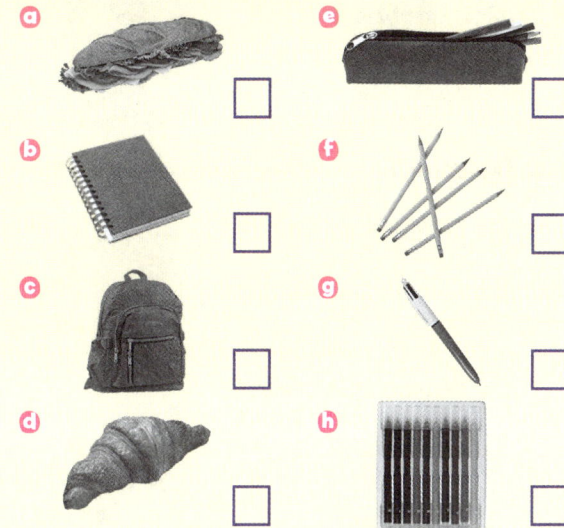

SCORE ... / 4

Compréhension des écrits — 10 points

 Observe ce document et réponds vrai ou faux.

a. Ce document est une page du cahier de correspondance. → ____

b. Damien est externe. → ____

c. Il mange tous les jours à la cantine. → ____

d. Le mercredi, il n'y a pas de cantine. → ____

e. Damien est autorisé à sortir quand un professeur est absent. → ____

SCORE ... / 10

SCORE TOTAL ... / 20

Vers le Delf A1

Compréhension de l'oral
10 points

 1 Écoute et coche la photo qui correspond.

1. Qui parle ?

   a  ☐   b  ☐   c  ☐

   SCORE ... / 2

2. De quoi ?

   a  ☐   b  ☐   c  ☐

   SCORE ... / 2

3. Qu'est-ce que c'est ?

   a  ☐   b  ☐   c  ☐

   SCORE ... / 2

4. La fille…
   ❤ **a.** aime son cadeau.
   ❤❤ **b.** adore son cadeau.
   ✖ **c.** n'aime pas son cadeau.

   SCORE ... / 4

Compréhension des écrits
10 points

2 Lis cette présentation et complète la fiche d'identité d'Audrey.

Bonjour, je m'appelle Audrey Dupré. Je suis née à Nîmes en 2002 ! Je suis élève au collège Louis Pasteur à Lyon. Je suis en 5ᵉ.

Mon anniversaire c'est le 20 février. Ma date de naissance est très spéciale ! J'adore tous les sports en général et je suis fan des Beatles, comme ma mère.

SCORE ... / 10

SCORE TOTAL ... / 20

UNITÉ 3

Compréhension de l'oral — 10 points

 1 Écoute et associe une photo à chaque situation.

SCORE …/2

2 Dans quelle situation tu entends :

a. Ah non, non, non, je ne regarde pas !!! → ___
b. Oui, je préfère… → ___
c. C'est génial de marcher… → ___
d. Qu'est-ce que tu fais ? → ___

SCORE …/8

Compréhension des écrits — 10 points

3 Observe ce document et la carte du manuel (p. 38), puis réponds oui ou non.

a. Rémi a 300 € dans sa tirelire. C'est suffisant pour payer cette colonie ? → ____
b. Alex, le cousin de Rémi, veut l'accompagner mais il a 16 ans. C'est possible ? → ____
c. La colonie en péniche dure une semaine. → ____
d. Tous les participants partent de Carcassonne. → ____
e. L'itinéraire arrive jusqu'à l'océan Atlantique. → ____

SCORE …/10

SCORE TOTAL …/20

UNITÉ 4

Compréhension de l'oral — 10 points

1 Écoute et signale les 5 photos que ces jeunes commentent.

SCORE ... / 4

2 Complète la grille quand c'est possible et indique (?) quand on ne sait pas.

	N° photo	Prénom	Lien de parenté	Activité préférée	Âge
a.			grand-père		
b.				cuisine	
c.		Tania			
d.		Paul et Julien			

SCORE ... / 6

Compréhension des écrits — 10 points

3 Relie par une flèche les étiquettes à l'élément de l'adresse correspondant.

Ville ou village — Prénom — Nom — Code postal — Pays

SCORE ... / 10

SCORE TOTAL ... / 20

UNITÉ 5

Compréhension de l'oral — 10 points

1 Où entends-tu ce message ?

a.  ☐   b.  ☐   c.  ☐   **SCORE** …/2

2 Comment s'appelle l'émission ?
a. Accro aux jeux vidéo ☐   b. Radio Jeunes ☐   c. Super-Accro ☐   **SCORE** …/2

3 Marque d'une croix les éléments qui sont cités.

a.  ☐   b.  ☐   c.  ☐   d.  ☐   e.  ☐   f.  ☐

SCORE …/2

4 L'émission propose :
a. de l'aide aux jeunes qui sont accros aux jeux vidéo.
b. les dernières nouveautés en jeux vidéo.
c. des solutions et des astuces pour gagner aux jeux.

SCORE …/2

5 Le téléphone est : 01 _____

SCORE …/2

Compréhension des écrits — 10 points

6 Observe ce document et réponds.

DEPART — Trains au départ

Heure	Destination
15h19	LONDON-WATERLOO
15h25	BRUXELLES-MIDI
15h28	LILLE FLANDRES
15h30	CREPY VILLERS SOISSONS
15h55	BRUXELLES LIEGE AACHEN
15h55	BRUXELLES BERCHEM ROTT
15h58	LILLE FLANDRES
16h07	CALAIS FRETHUN ASHFORD
16h10	LONGUEAU AMIENS
16h16	CREIL PONT COMPIEGNE
16h19	ORRY CHANTILLY CREIL
16h19	PERSAN-BT CHAMBLY BOR
16h25	BRUXELLES-MIDI
16h28	LILLE FLANDRES

1. Où peut-on trouver ce panneau ?
   a. Dans une station de métro. ☐
   b. Dans un aéroport. ☐
   c. Dans une gare. ☐
   d. Dans une gare routière. ☐

2. Ce panneau annonce…
   a. l'heure de départ. ☐
   b. l'heure d'arrivée. ☐
   c. la destination. ☐
   d. la ville de départ / la provenance. ☐

3. Combien de trains vont à Bruxelles ?
   a. 4 ☐   b. 7 ☐   c. 9 ☐

4. À quelle heure part le train pour Calais ?
   → _____

5. À quelle heure part le train qui traverse le canal de la Manche ? → _____

SCORE …/10   **SCORE TOTAL** …/20

Compréhension de l'oral
10 points

1 Écoute. Où on entend cette annonce ?

a. □   b. □   c. □

SCORE ... / 2

2 Écoute et coche la bonne option.

	1. Vol	2. Destination	3. Heure	4. Porte
DOCUMENT 1 a.	VU 2486 □	Madrid □	10 h 45 □	73 □
DOCUMENT 1 b.	VU 2446 □	Madère □	11 h 45 □	63 □
DOCUMENT 2 a.	AF 696 □	Strasbourg □	18 h 30 □	71 □
DOCUMENT 2 b.	AF 689 □	Hambourg □	18 h 50 □	72 □

SCORE ... / 8

Compréhension des écrits
10 points

3 Observe ce document et réponds aux questions.

a. Les vacances de Noël font partie des vacances d'hiver ? → _____

b. Combien de temps durent les vacances de printemps ? → _____ jours.

Quels sont les quatre mois où il n'y a pas de vacances scolaires ? → _____, _____, _____ et _____.

c. Jules habite à Toulouse et son cousin Léo à Nancy. Ils sont dans la même zone ?
→ _____

d. Anaïs et Morgane veulent passer les vacances de la Toussaint ensemble. Mais l'une habite à Nantes et l'autre à Marseille. Est-ce que c'est possible ?
→ _____

Les vacances scolaires

Pour les vacances scolaires, la France est divisée en 3 zones.

■ Zone A
■ Zone B
■ Zone C

ZONE A
- Vacances de la Toussaint
Du 18 octobre au 3 novembre
- Vacances de Noël
Du 20 décembre au 5 janvier
- Vacances d'hiver
Du 7 au 23 février
- Vacances de printemps
Du 11 au 27 avril
- Vacances d'été
juillet et août

SCORE ... / 10   SCORE TOTAL ... / 20

Cartes mentales

UNITÉ 1

Complète, illustre et colorie cette carte mentale.

La semaine des couleurs

- lundi — Bonjour les ___ !
- mardi — Asseyez-vous deux par ___ !
- jeudi / violet — S'il vous plaît, ouvrez les ___
- jeudi — Écrivez votre nom et ___
- vert — la mer ou bien l'univers !
- rouge — Tout le monde bouge !

Cartes mentales

UNITÉ 2

Complète cette carte mentale.

Dire la date

questions
- Quelle est la _____ d'aujourd'hui ?
- Aujourd'hui, c'est _____.
- Quelle _____ de ton _____ ?

dates importantes

POUR MOI
↑ ↑ ↑ ↑ mon anniversaire

EN GÉNÉRAL
25/12 ↑ ↑ ↑ ↑ ↑ Noël

les _____ de la semaine
___
___
___ jeudi
___
___
___
___

les _____ de l'année
janvier ___ juillet
f_____ ___ septembre
m_____ ___ ___
avril ___ novembre
m_____ ___ décembre
juin ___

les nombres
1 – un (1ᵉʳ premier)   11 – ___   21 – ___
2 – deux   ___ – douze   22 – ___
3 – trois   ___ – treize   23 – ___
4 – ___   ___ – quatorze 24 – ___
5 – ___   15 – ___   25 – ___
6 – ___   16 – ___   26 – ___
7 – ___   17 – ___   27 – ___
___ – huit   18 – ___   28 – ___
___ – neuf   19 – ___   29 – ___
___ – dix   20 – ___ et ___ 30 – ___
                                      31 – ___

Cartes mentales

UNITÉ 3

Complète cette carte mentale.

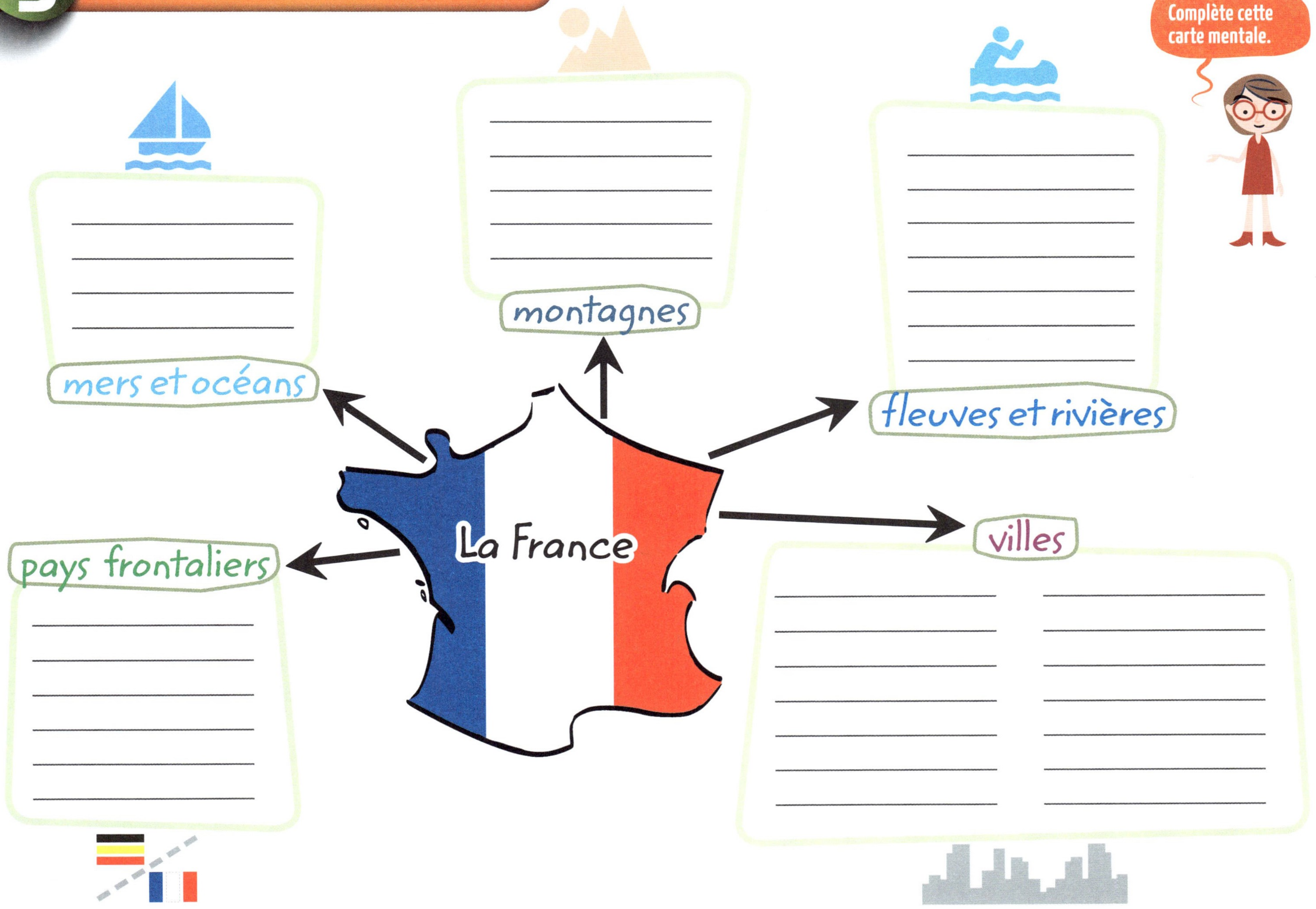

La France

- villes
- fleuves et rivières
- montagnes
- mers et océans
- pays frontaliers

Cartes mentales

UNITÉ 4

Complète cette carte mentale.

Les verbes au présent

terminaisons — verbes en ___
- ___ -ons
- -e ___
- -e ___ -ent

verbes en ___
- **−** Je ne chante pas
  _____
  _____
  _____
- **+** Je chante
  _____
  _____
  _____

sujets obligatoires
- Je ___
- ___ nous ___
- ___ On ___ elles

avoir
- **+**
  - J'ai
  - Tu ___
  - Il / Elle / On ___
  - Nous avons
  - Vous avez
  - Ils / Elles ___
- **−**
  - Je ___ pas
  - Tu ___ pas
  - Il / Elle / On n' ___ a pas
  - Nous ___
  - Vous ___
  - Ils / Elles ___

___ (être)
- **+**
  - Je suis
  - Tu ___
  - Il / Elle / On est
  - Nous ___
  - Vous ___
  - Ils / Elles sont
- **−**
  - Je ___
  - Tu n'es pas
  - Il / Elle / On ___
  - Nous ___
  - Vous ___
  - Ils / Elles ___

Cartes mentales

UNITÉ 5

Complète, illustre et colorie cette carte mentale.

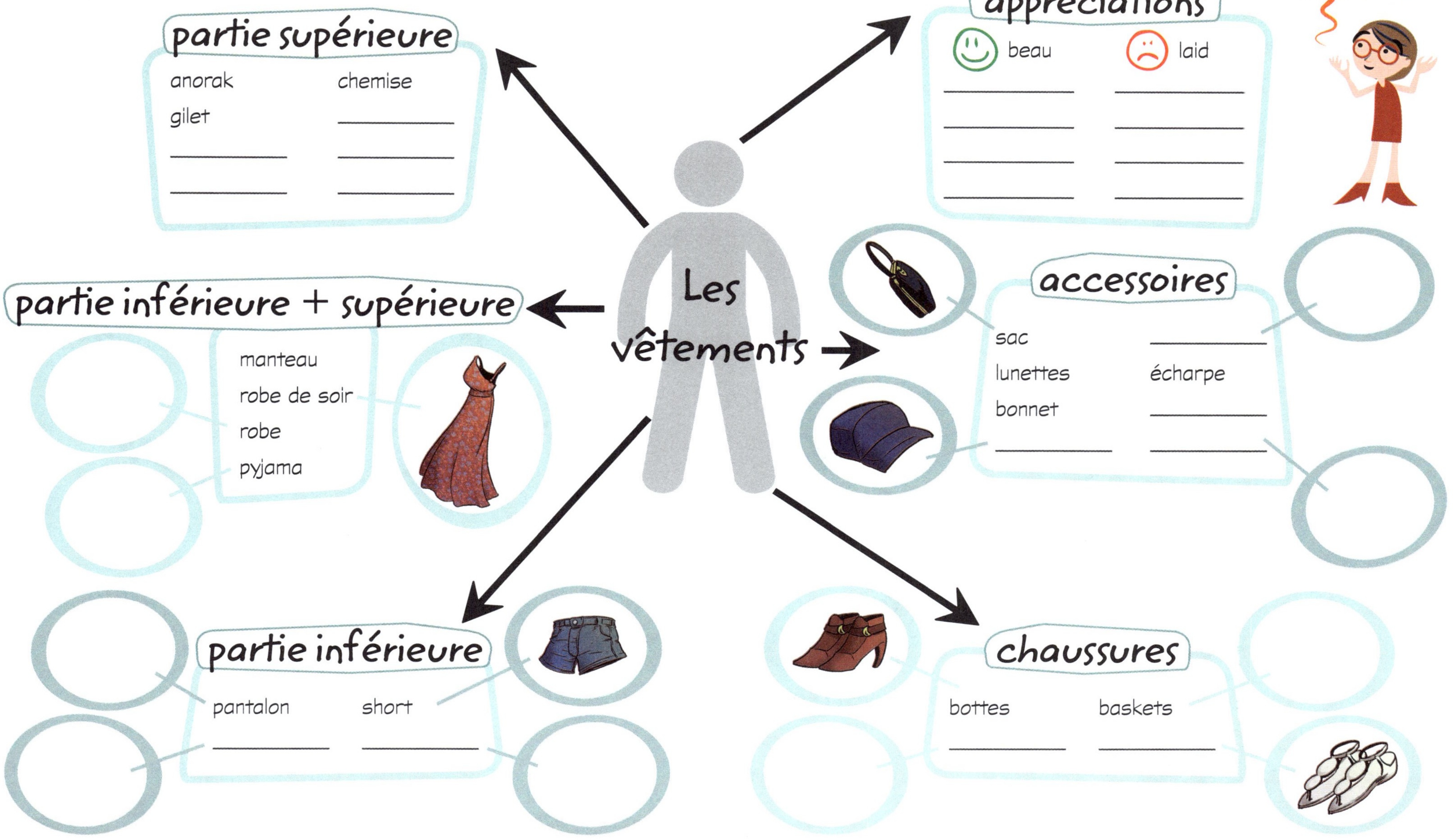

Les vêtements

appréciations
:) beau
:(laid
___
___
___

accessoires
sac
lunettes
bonnet
écharpe
___

chaussures
bottes
baskets
___

partie supérieure
anorak
chemise
gilet
___
___

partie inférieure + supérieure
manteau
robe de soir
robe
pyjama

partie inférieure
pantalon
short
___

Cartes mentales

UNITÉ 6

Complète cette carte mentale.

Un nom s'accompagne d'...

adjectifs

- **qualificatifs**
  - masculin = féminin + e
    _____ / _____ / grande
  - masculin = féminin
    _____ / fantastique
  - masculin ≠ féminin
    neuf / _____ / blanche

- **possessifs**
  - singulier
    - féminin : ma — sa
    - masculin : _____ ton son
  - pluriel _____

articles

- **définis**
  - singulier : le / l' — la / l'
  - pluriel _____

- **_____** (indéfinis)
  - singulier : un — _____
  - pluriel _____

- **partitifs**
  - singulier : du / de l' — de la / _____
  - pluriel des

- forme négative : pas de / pas d'